미디어 속 다양한 롤 모델 찾기

네 이야기의
주인공은 너야

미디어 속 다양한 롤 모델 찾기

네 이야기의
주인공은 너야

글 이은호 · 그림 시미씨

여섯번째봄

차례

더 많은 여성 롤 모델을 찾아서

"은호 님은 주변 분들에게 어떤 사람이라는 말을 자주 들어요?" 몇 달 전 이런 질문을 받고 몹시 당황했던 기억이 납니다. 가장 먼저 떠오른 단어가 '오타쿠'였거든요. 무엇이든 일단 한번 꽂히면 앞뒤 가리지 않고 파고드는 성격 때문에 '현생'을 돌보지 못했던 나날들이 주마등처럼 스쳐 지나갔어요. 중학생 때에는 만화책에, 고등학생이 되어서는 케이팝에, 대학생이 되고 나서는 공연에……. 툭하면 벅차오르는 '오타쿠'답게, 저는 제가 좋아하는 것들에 대해 어디서든 말하고 싶어 했어요. 불행인지 다행인지 모르겠으나 이야기를 들어 줄 친구가 많지 않았고, 그래서 제 이야기를 들어 줄 사람들을 찾아 연예부 기자가 되었지요.

기자 생활은 즐거웠어요. 기자가 되지 않았더라면 몰랐을 이야기들이, 저의 시야를 넓혀 주는 것 같았어요. 하지만 그만큼 힘들기도 했습니다. 글 쓰는 일이 특히 그랬어요. 제가 이런 고충을 털어놓을 깜냥이 되는지는 모르겠습니다만, 홀로 가만히 앉아 글을 쓰는 것은 실은 아주 지루한 작업이었으니까요. 단어를 고르고, 순서를 바꿔 보고, 썼던

문장을 지웠다가 결국 별반 다르지 않은 문장으로 채워 놓고……. 그러다 보면 매우 자주 저의 자격을 의심하게 돼요. 이 글은 나의 진심일까, 아니면 내가 해야 한다고 믿는 이야기일까. 혹은 그저 그럴듯해 보이는 글을 꾸며 내고 있는 건 아닐까. 알량한 경험과 부족한 상상력으로 쓴 글이 다른 누군가에게 상처를 주진 않을까. '이건 아닌데' 싶으면서도 '그럼 뭐가 맞는데?'라는 질문에 답하지 못해 쭈뼛대고 망설이는 채로, 지난 9년간 부족한 글들을 참 많이도 써 왔습니다.

이 책에 실은 열 편의 이야기를 쓸 때도 그랬습니다. 확신보다 고민이 더 잦고, 아는 것보다 모르는 게 더 많은 제가 너무나 초라하게 느껴졌어요. 이런 제게 용기를 준 건, 다름 아닌 이야기 속 주인공들이었습니다. 제가 좋아했던 주인공들 또한 기나긴 고뇌와 방황을 겪었어요. 그들이 주인이었던 건 타고난 능력이나 완벽한 성품 때문이 아니라 그 안에서 더 나은 사람이 되기를 포기하지 않았기 때문이었어요. '내가 이런 말을 할 자격이 있을까?'라고 의심이 피어오르는 날에는, '그렇다면 자격을 갖추어 보자.'라며 어딘가를 후원하거나 누군가를 위해 탄원서를 써 보기도 했고요. 미리 고백하건대 앞으로 여러분이 읽게 될 글에는 "잘 모르겠습니다."라는 말이 꽤 자주 나올 거예요. 부끄럽지만 그게 제 본심이거든요. 어른이 되면 흔들리지 않는 소신과 세상사에 통달할 지혜가 생길 줄 알았는데, 아니더군요. 그래서 저는 여러분과 함께 고민하고 싶어요. 우리가 갈 수 있는, 혹은 가야만 하는 더 나은 길이 무엇인지를요. 제가 여러분께 정답을 알려 줄 수는 없어도 질문을 나누는 일이라면 할 수 있을 거라고 생각해요.

저는 얼마 전 길고도 짧았던 기자 생활을 마무리했습니다. 이전과는 조금 다른 '오타쿠'가 되어 보려고 합니다. 내가 좋아하는 것을 나는 왜 좋아하는지, 더욱 정확하게 말할 수 있는 사람이 되고 싶어요. 실은 이건 이 책을 쓰면서 가진 바람이에요. '나는 이 이야기가 왜 좋았을까?', '나는 이 주인공을 왜 사랑할까?'라고 스스로 질문하면서 제게 가치 있고 소중한 것들이 무엇인지 알 수 있었거든요. 그리고 제게 영감을 준 주인공들의 모습을 저의 일부로 만들기 위해 애써 보려고 합니다. 제가 어떤 사람인지를 제 말과 행동으로 설명할 수 있도록

요. 감히 소망하자면, 이 책이 여러분에게 더 많은 롤 모델을 보여 줄 수 있기를 바랍니다. '캔디', '공주', '엄마', '딸', '악녀' 같은 단어로 거칠게 뭉뚱그려진 여성이 아닌, 각자의 서사 속에서 자신에게 중요한 가치를 실천하는 여성으로서 이 책의 주인공들을 재발견할 수 있기를 희망합니다. 캔디는 어떻게 외로워도 슬퍼도 울지 않을 수 있었을까? 공주에겐 왕자를 만나 결혼하는 것 말고 다른 관심사는 없었을까? 엄마는 엄마로 사는 것이 늘 행복할까? 이런 질문들 속에서 우리는 "여성은 이래야 한다."라는 말 대신 "여성에겐 이런 가능성이 있다."라고 말할 수 있게 될 거예요. 여러분에게 이 책이 그 시작이 되기를 진심으로 소망합니다.

부족한 저를 참고 견뎌 준 모든 분께 감사의 마음을 전합니다. 제가 받은 용기와 위안이 이 책을 통해 여러분께도 전달될 수 있기를 소망합니다.

이은호

공감으로 할 수 있는 일
나옥분, 〈아이 캔 스피크〉

눈을 감고, '주인공'이라는 단어를 생각해 보세요. 어떤 이미지가 떠오르나요? 붉은 슈트 차림으로 하늘을 날아다니는 아이언맨? 무시무시한 주먹을 휘두르는 마동석? 이 책에서 처음 소개할 주인공은, 여러분이 생각하는 주인공의 이미지와는 거리가 멀 겁니다. 우선 여성이고요. 나이는 많지만, 돈은 얼마 없어요. 초능력이나 괴력이 있는 것도 아니고요. 악당을 물리칠 비기도, 세상을 구할 비책도 없습니다. 주인공에게 없는 것이 너무 많다고요? 그렇지 않아요. 그에겐 외로운 사람을 알아보는 눈과 뜨끈한 밥 한 끼를 나누는 인심이 있지요. 그리고 불의 앞에서 꺾이지 않는 용기와 다른 이의 고통을 자신의 것처럼 여기는 힘을 가졌어요. 여러분과 이야기할 첫 번째 주인공, 영화 〈아이 캔 스피크〉의 나옥분 입니다.

서로 다른 우리가 함께 살기 위하여

시장에서 수선집을 운영하는 옥분은 '도깨비 할머니'라고 불립니다. 아주 사소한 일이라도 법에 어긋난 것이라면 구청에 민원을 넣어서 붙은 별명이지요. 옥분은 민원에만 열심인 게 아닙니다. 그는 영어 공부에도 열과 성을 다해요. 어려서 미국으로 입양 간 동생과 대화하기 위해서인데요. 이런 그에게 유학파 출신 구청 공무원 민재가 나타납니다. 옥분은 민재에게 영어 과외를 부탁하지만 민재는 순순히 승낙하지 않습니다. 옥분을 단념시키려고 잔꾀를 부리기도 하죠. 민재가 마음을 바꾼 건 동생 영재 때문입니다. 민재는 영재와 단둘이 살아요. 부모님이 돌아가신 뒤 의지할 가족은 서로뿐이지만, 민재와 영재는 사이가 영 어색합니다. 민재는 속내를 잘 드러내지 않는 영재가 못 미덥고, 영재는 정 없는 민재가 못마땅하지요. 그러던 어느 날, 민재는 옥분이 영재에게 저녁밥을 지어 먹였다는 사실을 알고 영어 과외를 제안해요. 바쁜 자신을 대신해 영재의 밥 동무가 되어 준 옥분에게 고마운 마음이 들었던 모양입니다. 옥분과 민재의 우정도 그렇게 싹트기 시작해요.

옥분은 왜 영재에게 밥을 지어 먹였을까요? 영재에게 돈이 없는 것도 아니었을 텐데 말이에요. 옥분은 말합니다. "애기가 라면 뿌신 거를 먹고 있더라고, 짠해서⋯⋯." 저는 이 말이 단순히 '영재가 불쌍해서'라는 뜻은 아닐 거라고 생각해요. 어쩌면 옥분은 영재에게서, 자신이 겪은 외로움을 봤을지 모릅니다. 두 사람은 닮았어요. 마음 터놓을 곳 없어 외로운데, 그 외로움을 입 밖으로 내지 못해 더 외롭다는 점이 비슷하지요. 어린 나이에 부모님을 잃고 일찍 철든 척해야 했던 영재처럼, 옥분에게도 아무도 모르는 아픔이 있습니다. 그는 일본군 위안부 피해자예요. 하지만 다른 피해자들이 그랬듯 옥분은 오랜 시간 과거를 숨긴 채 살아야 했습니다. 그는 자신이 겪은 집단 성폭행을 수치스러워하도록, 부끄러워하고 망신스러워하도록 강요당했거든요. 몸에 닿는 작은 손길에 소스라치게 놀라면서도, 옥분은 차마 그 이유를 누구에게도 말하지 못했어요.

하지만 저는 믿어요. 옥분이 〈아이 캔 스피크〉의 주인공이었던 이유는 그가 겪은 고통 때문이 아니라, 그가 지닌 다정함 때문이라고요. 그리고 생각해요. 옥분의 다정함은 그의 공감 능력에서 나온다고요. 그러고 보면 공감 능력이라는 말은 참 재밌어요. 공감이라는 일상적인 감정이 능력으로 불리다니요. 공감의 사전적 의미는 "남의 감정, 의견, 주장 따위에 대하여 자기도 그렇다고 느낌. 또는 그렇게 느끼는 기분."입니다. 저는 조금 다르게 말하고 싶어요. 공감은 '다른 사람의 세계를 상상해 보는 일'이라고요. 쉽게 말해 다른 사람의 입장이 되어 보는 것이죠. 우리는 각자 다른 환경과 다른 경험, 다른 기질을 가진, 다른 존재입니다. 그리고 동시에 지금을 함께 살아가는 사람들이기도 하지요. 우리가 다름을 받아들이며 공존하는 일은 내가 모르는 세계를 상상하며 공감하는 것에서부터 시작하는지도 모르겠습니다. 적어도 저는 그랬거든요. 워킹맘인 친구를 통해, 가사 · 육아 · 직장 생활을 병행하는 어려움을 헤아릴 수 있었어요. 카페에서 아르바이트하는 친구의 하소연을 들으며, 서비스 노동의 고충도 간접 경험할 수 있었고요. 영화나 드라마, 책을 통해서도 제가 몰랐던 세계를 떠올릴 수 있게 되었습니다. 우리가 헤아릴 수 있는 삶이 넓어질수록 우리는 이전까지 알지 못했던 문제에 다가갈 수 있게 됩니다. 이 사람은 왜 저렇게 화를 내는지, 저 사람은 왜 그렇게 슬퍼하는지 점차 이해할 수 있게 될 테고요. 서로 다른 우리가 함께 살아가며 생기는 여러 갈등을 해결할 씨앗도 바로 이런 공감에서 나온다고 생각해요.

요즘은 MBTI(성격 유형 검사)에서 F유형인지 T유형인지에 따라 공감 능력이 있는지 없는지를 판별한다지요? F유형은 감정(Feeling)을 우선시해 감성적인 반면, T유형은 사고(Thinking)가 먼저라 논리적이고, 이성적이라더라고요. 극단의 F유형인 저는 T유형인 언니에게 서운할 때가 한두 번이 아니었어요. 몸이 안 좋다고 하면 병원에 가라고 하고, 상사 험담을 하려고 하면 "그럴 때는 이렇게 말해야지."라고 조언이나 하고……. 답답함에 가슴을 쾅쾅 칠 때가 많지만, 언니에게는 그것이 공감의 몸짓이라는 것을 압니다. 제가 겪는 어려움을 자신의 것처럼 느꼈기에 해결책을 알려 주고 싶은 것이겠죠. 이렇듯 저마다 방법은 달라도 우리는 다른 사람을 염려하고 걱정합니다. 그런 사실을 떠올리면 마음이 따뜻해져요. 혼자가 아니라는 감각이 용기를 주기도 하고요. 영화를 여러 번 보고 나서야, 저는 옥분과 주변 사람들의 관계가 눈에 들어왔습니다. 옥분의 '절친' 진주댁은 옥분의 과거를 알고 나서 서럽게 웁니다. 하지만 옥분을 마냥 동정하지 않고 명랑하게 응원해요. 옥분과 앙숙이었던 족발집 사장님도 서툴게나마 진심을 전하고요. 옥분이 미국 의회에서 위안부 피해를 증언할 기회를 얻자, 연대의 물결은 더욱 커집니다. 구청 직원들과 시장 상인들은 옥분을 위해 서명 운동을 벌여요. 옥분이 영어 연설을 연습할 때는, 이웃 주민들이 청중이 돼 귀를 기울이지요. 나를 안아 주고 손잡아 주는 사람, 심지어 나를 지켜봐 주는 사람이 있다는 사실만으로도 우리는 위로와 용기를 얻습니다. 옥분 곁에 있던 모두가 옥분을 지탱했으리라고 저는 감히 확신합니다.

옥분을 지탱한 또 한 사람이 있습니다. 정심입니다. 정심은 옥분과 함께 전쟁터로 끌려간 또 다른 위안부 피해자예요. 옥분이 일본군의 야만을 견디다 못해 목숨을 끊으려 했을 때 그를 말리며 함께 울어 준 사람도, 힘든 일이 있으면 손수건으로 닦아 내자고 새끼손가락 걸며 약속한 사람도 바로 정심이었습니다. 정심에게도 위안부 피해는 엄청난 고통이었을 겁니다. 하지만 그는 혼자만의 고통에 빠지지 않았어요. 자신과 비슷한 경험을 한 옥분의 고통을 헤아리며 옥분에게 용기를 줬지요. 옥분 역시 정심에게서 받은 위로를 다른 이들에게 나누어 주었습니다. 다정함엔 전파력이 있어요. 말이 너무 거창한가요? 하지만 어쩌면 이런 일들이 우리 일상에서 매일매일 벌어질지도 몰라요. 어느 날 갑자기 날아든 친구의 안부 문자, 듣는 이를 위로하려고 만든 음악, 무거운 유리문을 대신 잡아 주는 낯선 사람의 호의와 길고 양이들에게 밥을 챙겨 주는 사람들. 우리는 결코 단절된 채 존재하지 않으며 나는 너를 염려하고 있다는 이 작은 신호들. 이 신호엔 힘이 있습니다. 힘든 마음을 잠시 내려놓고 내가 받은 온기를 나누고 싶게 만드는 힘이요. 그런 힘이 모여 언제 무너져도 이상하지 않을 이 세상을 견딜 만한 것으로 만들어 주는 게 아닐까 생각해 봅니다.

연대의 시작

공감 능력이라는 신조어가 흥미로운 또 다른 이유는, 공감 또한 다른 어떤 능력이 그러하듯 노력을 요구한다는 점

입니다. 지구력을 키우려면 유산소 운동을 하고, 근력을 키우려면 근육 운동이 필요하듯, 공감 능력을 잃지 않으려면 마음과 정신을 단련해야 해요. 타인의 감정을 헤아리고, 이해하는 일은 저절로 이뤄지지 않습니다. 내가 내어 준 마음이 언제나 온전히 보답받지 못할 수도 있어요. 하지만 흔히 '인류애가 사라진다.'고 자조하는 순간이 거듭돼도, 나의 선의가 배신당한 것처럼 느껴지는 일들이 벌어져도, 우리는 타인과 공감하며 다정함을 잃어서는 안 된다고 저는 믿습니다. 나보다 남을 우선시하라는 얘기는 아니에요. 남을 위해 나를 희생하라는 말은 더더욱 아니고요. 다만 단념하거나 외면하지 말자는 이야기를 하고 싶어요. 혹시 여러분은 힘든 일을 누구에게도 털어놓지 못하거나, 털어놓아도 아무런 소용이 없다고 느낄 때가 없었나요? 그럴 때면 힘든 일이 더 힘들게 느껴지지 않았던가요? 사람들로부터 고립되었다고 느낄 때, 우리는 더욱더 절망에 빠지곤 해요. 우리는 모두 공감이 필요하고, 그래서 노력까지 해 가면서 다른 사람의 마음을 들여다보아야 합니다.

옥분 역시 사람들로부터 고립되어 깊은 절망을 느꼈습니다. 전쟁이 끝나 고향으로 돌아왔을 때가 그랬지요. 일본군 위안부 피해를 겪은 옥분에게 어머니는 침묵을 강요했어요. 옥분의 피해 사실이 가족의 명예를 망칠 거라고 생각한 거예요. 피해자를 향한 추가적인 가해, 즉 2차 가해는 피해자들을 움츠러들고 자책하게 만듭니다. "내 부모 형제마저 날 버렸는데, 내가 어떻게 떳떳하게 살 수 있겠어."라며 과거를 삼켰던 옥분처럼요. 이런 2차 가해는 오늘날에도 흔하게 벌어집니다. "네가 야한 옷을 입어서 그런 일을 당한 것 아니야?", "왜 제대로 저항하지 않았어?", "네 모습은 피해자 같지 않은데?"라는 말처럼 성범죄의 원인을 피해자에게 찾거나 '피해자다움'을 강요하는 행위 등이 그런 예시이지요.

2023년 3월 7일, 저는 대전의 한 법원에 있었습니다. JMS 총재 정명석의 성범죄 의혹 혐의 재판을 지켜보기 위해서였어요. 당시 그의 성범죄 의혹이 넷플릭스 다큐멘터리 〈나는 신이다: 신이 배신한 사람들〉을 통해 폭로돼 사회적 파장을 일으켰거든요. 잔뜩 긴장한 채 재판을 지켜보는데, 황당한 발언이 쏟아지더군요. 그날 재판에는 피해자와 친한 지인이 증인으로 나왔습니다. 피해자에게 피해 사실을 전해 들었다는 증인에게 피고인 쪽 변호인들은 "고소인에게 '왜 저항하지 않았느냐'고 묻지 않은 이유는 무엇이냐?", "고소인이 증인에게 호감을 느끼던 때에 다른 남성에게 성폭행당했다고 털어놓은 것이 납득되지 않는다.", "고소인이 피해 사실을 밝히자 '눈 감고 쉬라'며 웃는 이모티콘을 보낸 것이 비상식적으로 보인다.", "고소인이 피해 사실을 밝혔을 때 DNA 채취 검사를 권유하지 않은 이유가 궁금하다." 같은 질문을 던졌습니다. 성범죄의 책임을 피해자에게 전가하고, '성범죄 피해자라면 이렇게 행동할 것이다.'라는 '피해자다움'을 전제한 질문이었어요. 검사나 변호사가 법정에서 2차 가해를 할 때마다 그들의 머리 위로 쟁반이 떨어지는 상상을 했습니다. 그러면 얼마나 속이 후련할까 싶다가 2017년에 방청했던 또 다른 재판이 불현듯 떠올랐습니다. 유명 아이돌 가수 출신 배우 A를 성폭행 혐의로 고소했다가, 무고 혐의로 피소된 20대 여성 B의 재판이었습니다. 자, 이제 부끄러운 고백을 할 차례입니다. 저도 한때 2차 가해에 동참했다는 고백을요.

당시 재판에서 검사는 B에게 이렇게 질문했습니다. "평소 연예인 A에게 관심이 있었나.", "소리를 지르면 사람들이 도와줬을 텐데 왜 하지 않았나.", "왜 화장실(사건이 벌어진 곳입니다.) 밖으로 나가지 않았나." B를 향한 검사의 무례한 질문 때문에 방청객 곳곳에서 한숨이 나왔습니다. 재판은 국민참여재판으로 이뤄져서, 배심원들이 유·무죄를 가리는 동안 방청객은 모두 퇴장해야 했어요. 판결은 새벽 3시를 훌쩍 넘긴 시간에 나왔어요. 워낙 늦은 시간이라 다른 언론사 ○○○ 기자와 저만 남아 있었죠. 배심원들은 무죄로 판단했고, 판사도 무죄를 선고했습니다. 저는 B를 따라가 소감이 어떤지를 물었습니다. 늦은 시간까지 고생했으니 단독 인터뷰라도 건지자는 심정이었어요. 음악을 배우고 싶다는 B를 보며, 저도 모르게 '성폭행 피해자라더니 표정이 밝네.'라고 생각했어요. 제가 집으로 돌아와 B의 인터뷰 기사가 특종인지 고민하는 동안, 함께 방청한 ○○○ 기자는 검사의 질문을 비판하는 기사를 썼습니다. 저는 피해자 B를 기삿거리로만 대했을 뿐, 한 명의 인간으로 존중하지 않았던 거예요. 게다가 '성폭력 피해자는 우울하고 무력한 모습일 것'이라는 틀에 맞춰 제멋대로 B를 판단했고요. ○○○ 기자의 기사를 읽으며, 부끄러움에 얼굴이 달아올랐어요. 2차 가해를 할 때마다 머리 위로 쟁반이 떨어지는 규칙이 있었다면, 그날 제 머리도 온전치는 못했을 겁니다.

제가 2차 가해를 벌였던, 그 순간에도 피해자와 연대하는 이들은 있었습니다. 늦은 새벽까지 B의 재판을 지켜보던 여성들, 검사의 2차 가해를 지적한 ○○○ 기자가 그랬지요. 그들이 그 오랜 시간 법정을 지켰던 이유는 그것이 옳은 일이라고 생각했기 때문일 겁니다. 저는 감히 그 결정에 '공감'

이라는 이름을 덧붙이고 싶어요. 내가 아닌 다른 사람이 겪
었을 고통을 헤아리고, 심지어는 내 것처럼 느끼며 기꺼이
도움의 손길을 내미는 마음. 이것이 어떻게 공감이 아닐 수
있겠어요.

하우 아 유, 옥분? 하우 아 유, 여러분?

옥분의 이야기를 실컷 늘어놓았지만, 〈아이 캔 스피크〉에
서 저와 가장 닮았다고 생각한 캐릭터는 사실 민재였어요.
나의 세계에만 몰두했다는 점에서요. 민재는 한때 타인의

삶에 무관심했습니다. 재개발 문제로 시장에서 쫓겨날 위기에 처한 상인들의 처지를 알려고 하지 않았죠. 옥분이 영어 공부에 왜 사활을 걸었는지, 동생 영재가 무엇 때문에 방황하는지조차 이해할 마음이 없었어요. 민재가 나쁜 사람이라고는 생각하지 않습니다. 그에겐 타인의 어려움을 헤아릴 여유가 부족했어요. 민재는 어린 나이에 가장이 됐어요. 먹여 살려야 할 동생도 있었고요. 다른 사람에게 귀 기울일 여력이 남아나지 않았을 테죠. 하지만 민재는 옥분의 세상을 알면서 달라집니다. 그는 위안부 피해자로서 옥분이 겪은 고통을 상상했을 겁니다. 가족을 향한 옥분의 그리움도 헤아렸을 겁니다. 구청에 민원을 넣으며 동네 주민들을 걱정한 옥분의 마음도 떠올려 봤을 겁니다. 쉽게 말해 민재는 달라집니다. 다른 이에게 공감하는 사람으로요. 그는 재개발로 불안해하는 상인들의 마음을 들여다보게 되었고, 동생이 방황하는 이유에도 귀를 기울이기 시작했어요. 영화 후반부에서 타인과 더 가깝게 연결된 민재는 이전보다 즐겁고 생기 넘쳐 보입니다. '내 몸 하나 건사하기도 힘들다.'는 생각이 드는 날이면 저는 〈아이 캔 스피크〉를 떠올리려고 해요. 옥분과 민재가 서로의 삶을 이해하고 공감하며 얻었을 위로를 생각하며 스스로를 다독여야겠습니다. 그리고 옥분이 영재에게 그랬듯, 또 민재가 옥분에게 그랬듯, 저도 이렇게 물어야겠어요. "하우 아 유?" 당신은 요즘 어떠냐고, 혹시 도움이 필요하지는 않으냐고 말이에요. 언젠가 한 사람도 빠짐없이 "아임 파인 땡큐."라고 대답할 수 있기를 희망하면서.

너의 이야기에 왕자는 필요 없어
모아나, 〈모아나〉

사회초년생 시절 처음 알게 된 친구가 있습니다. 서로 일이 바빠 한동안 연락을 주고받지 못했는데, 그사이 친구는 결혼하고 아이까지 낳았다더군요. 몇 년 만에 다시 만난 친구에게 "나는 아직 망아지처럼 지내는데 너는 이제 어른이 다 됐다, 야."라고 말하다가 흠칫했습니다. 엄마는 제게 결혼을 재촉할 때마다 "결혼을 해야 어른이 된다."라고 말했거든요. 그럴 때면 저는 "엄마, 나 사주에 남자 복이 없대."라고 농담하며 깔깔 웃어 버리곤 했습니다. 결혼과 출산이 인간을 완전하게 만들어 주는 건 아니라고, 나는 지금 이대로도 만족스럽다는 말을 목구멍 뒤로 삼킨 채로요.

단조로운 하루하루에 싫증이 날 때면 누군가가 나를 지겨운 일상에서 끄집어내 주면 좋겠다는 생각도 합니다. 로맨스 드라마 속 남자 주인공들을 떠올리면서요. 드라마 〈킹더랜드〉의 남자 주인공은 어쩜, 이름마저 '구원'입니다. 근사한 외모에 젠틀한 성격, 무엇보다 어마어마한 재산을 가진 남자인데, 평범한 여자 주인공 천사랑과 사랑에 빠집니다. 놀이공원을 통째로 빌린 데이트는 입이 떡 벌어질 만큼 로맨틱했고, 위기에 빠진 천사랑을 구하기 위해 헬기를 타고 등장하는 장면에서는 '크으' 하고 감탄사를 내뱉으며 엄지손가락을 올렸습니다. 제가 여러분 나이였을 때는 이런 드라마가 더 많았습니다. 까칠한 재벌 2세가 가난하지만 씩씩한 여자를 사랑하게 된다는 일명 '신데렐라 스토리' 말이에요. 여자 주인공에게만큼은 따뜻한 차가운 도시 남자, 아니, 차가운 도시 재벌들은 '백마 탄 왕자님'에 대한 환상을 키우기 충분했습니다.

"난 내 길을 알아. 나는 모아나."

디즈니가 제작한 영화 〈모아나〉의 주인공, 모아나는 바다와 소통할 수 있는 신비로운 능력의 소유자입니다. 걸음마를 막 뗐을 때부터 그랬죠. 바다는 모아나가 소라 껍데기를 주울 수 있도록 길을 터 주기도 하고, 물기둥을 만들어 모아나의 머리를 쓰다듬어 주기도 했어요. 그래서일까요. 모아나는 어릴 적부터 먼바다로 나아가고 싶어 했어요. 저 먼바다 끝에 뭐가 있을까 궁금해하면서요. 하지만 모아나의 아버지는 입버릇처럼 말했습니다. 바다로 가선 안 된다고, 필요한 건 이곳 모투누이 섬에 다 있으니, 여기에서 행복을 찾으라고. 모아나의 아버지는 모투누이 섬을 이끄는 족장입니다. 모아나는 곧 그 자리를 물려받을 참이고요. 모아나는 아버지의 말대로 마을 살림살이를 보살피고, 그러면서 점차 바다 멀리로 떠나겠다는 꿈을 잊게 됩니다. 모투누이 섬에 원인을 알 수 없는 기근이 닥치기 전까지는요.

모든 일은 예고 없이 벌어졌습니다. 어느 날 갑자기 열매가 마르고, 물고기도 잡히지 않아요. 모아나는 아버지 몰래 산호 밖으로 나가 식량을 구하려고 하지만, 거센 파도를 만나 오히려 목숨을 잃을 뻔합니다. 용기를 잃고 주저앉으려는 모아나에게 할머니는 숨겨 온 비밀을 알려 줘요. 우리의 조상은 항해사이자 모험가였다고 말이에요. 하지만 옛날 옛적 '마우이'란 이름의 반인반신 전사가 '대지의 심장'을 훔치고 난 뒤 항해를 떠날 수 없게 됐다고 합니다. 분노한 대지의 신이 괴물을 보내 배를 공격했기 때문이지요. 갑작스러운 기근도 신의 노여움 때문이었어요. 잘못을 바로잡으려면 마우이와 함께 대지의 심장을 원래 자리에 되돌려 놔야 합니다. 얘기를 들은 모아나는 다시 한번 바다로 떠납니다. 어렵게 마우이를 설득해 팀을 이루고, 갖은 역경을 거쳐 마침내 대지의 심장을 돌려놓아요. 간단하게 썼지만 매 순간이 고비였어요. 대지의 심장을 노리는 무리가 많은 데다, 용암 괴물과 싸울 때는 마우이와 사이가 틀어지기도 했거든요. 하지만 모아나는 희망이 사라진 것 같은 순간에도 포기하지 않았고, 결국 모투누이 섬에 생명을 불어넣습니다.

그런데 여러분, 〈모아나〉의 줄거리를 읽는 동안 혹시 뭔가 빠진 것 같다고 느낌이 들진 않았나요? 힌트를 드릴게요. 〈모아나〉가 디즈니 공주 중 한 명이라는 점입니다. 〈백설공주〉, 〈신데렐라〉, 〈인어공주〉, 〈잠자는 숲속의 공주〉등 다른 디즈니 공주 애니메이션에는 있고 〈모아나〉엔 없는 것……. 바로 왕자입니다. 디즈니 공주들은 오랜 시간 왕자에게 보호받는 존재로 묘사됐습니다. 맏언니 격인 백설공주는 독이 든 사과를 먹고 깊은 잠에 빠졌다가 왕자의 입맞춤으로 되살아났고, 계모와 언니들에게 구박만 받던 신데렐라는 무도회에서 우연히 왕자를 만나 속된 말로 팔자를 펴지요. 〈잠자는 숲속의 공주〉 속 오로라 역시 마녀의 저주로 오랫동안 잠들어 있다가, 이웃 나라 왕자의 키스로 삶을 되찾았어요. 물론 시대가 흐르면서 디즈니 공주들도 조금씩 달라졌습니다. 〈인어공주〉 에리얼은 육지에서의 삶을 궁금해하는 호기심 많은 공주였고, 〈미녀와 야수〉의 벨은 책을 좋아하는 지혜롭고 똑똑한 여성이었어요. 자유분방한 성격의 자스민(〈알라딘〉), 자신의 부족을 지키고자 했던 포카혼타스(〈포카혼타스〉), 다친 아버지를 위해 전쟁터에 나간 뮬란(〈뮬란〉), 자신의 능력을 받아들이고 왕으로 거듭나는 엘사(〈겨울왕국〉)

까지……. 디즈니 공주들은 시대의 요구에 발맞춰, 순종적이고 가정적인 여성에서 당당하고 주체적인 여성으로 진화해 왔습니다.

　그중에서도 모아나가 돋보이는 것은, 역대 디즈니 공주들 가운데에서는 보기 드물게 사랑에 빠지지 않는 인물이기 때문이에요. 이게 왜 중요하느냐고요? 디즈니 공주들은 아주 오랜 시간 여자아이들에게 선망의 대상이었어요. 미국 브링검영대학교 연구진의 2016년 연구 결과에 따르면, 디즈니 공주 캐릭터를 자주 접한 여자아이들은 외모 자존감이 낮고 남에게 의존하는 경향을 보였다고 해요. 큰 눈과 흰 피부, 날씬한 몸매처럼 디즈니 공주 캐릭터들에서 공통적으로 나타나는 외모 특성이 아름다움의 기준으로 받아들여지고, 왕자에 의해 구출되거나 왕자의 도움을 받는 이야기가 성 역할에 대한 고정관념을 심어 줄 수 있다는 겁니다. 우리에게 모아나 같은 공주 이야기가 더 많이 필요한 것도 이 때문이에요. 열정적이고 진취적이며 자신의 소망과 결정에 따라 삶을 꾸려 가는 모아나는, 자신을 보고 자란 여자아이들에게 새로운 롤 모델을 제시해 줄 수 있을 테니까요. '왕자가 나타날 때를 기다리지 않아도 돼. 왕자가 너를 구해 주지 않는다고 해도 괜찮아. 네게는 네 삶을 직접 이끌어 나갈 충분한 용기와 힘이 있으니까.' 모아나는 우리에게 이런 메시지를 줍니다. 그렇다고 우리가 모든 일을 홀로 해내야 한다고 다그치지도 않아요. 모아나와 마우이의 우정을 보세요. 때로는 마우이가 모아나를 돕고, 때로는 모아나가 마우이의 약점을 채워 주잖아요. 왕자에게 의존하지 않고, 다만 타인과 우정을 쌓아가는 공주 캐릭터. 그런 모아나를 보고 자란 여자 어린이들이 각자의 삶을 어떤 모험으로 채워 나갈지 상상하면, 저도 모르게 기분이 좋아지고 희망이 솟아나요. 내 인생의 주도권을 내가 쥐고 있음을 자각하는 것만으로도 훨씬 다채롭고 역동적인 삶을 살 수 있을 테니까요.

'완벽한 딸'이 아닌 '내가 원하는 나'를 향해

모아나가 섬 밖으로 떠나는 과정은 울타리에서 벗어나는 여정이기도 합니다. 아버지라는 울타리 말이죠. 모아나의 아버지는 딸이 바다로 나가는 것을 허락하지 않았습니다. 그것이 얼마나 위험한 일인지 몸소 겪었기 때문이에요. 모아나가 배를 타고 나가서 대지의 심장을 되돌려 놓겠다고

했을 때, 아버지는 무서운 표정을 짓습니다. "남은 배들을 진작 불태웠어야 했다."면서요. 저는 모아나를 지키고자 했던 아버지의 진심을 의심하지 않아요. 모아나의 첫 항해가 엉망으로 끝났을 때는 '이렇게 대책도 없이 떠나니까 아빠가 걱정하지……'라고 생각하며 이마를 짚기도 했던걸요. 다만 저는 모아나가 착한 딸이 되기 위해, 자신이 원하는 스스로의 모습을 포기하지 않기를 응원했어요. 아버지를 기쁘게 하려고 자신의 꿈을 포기하지 않기를, 가정의 평화를 지키려고 하고 싶은 말을 속으로만 삼키지 않기를 바랐어요. 모아나가 두려움에 맞설 때마다 주문처럼 외웠던 말이 "나는 모투누이의 모아나."였다는 사실은 그래서 중요합니다. 모아나가 자신을 '공주'나 '딸'의 자리에만 두지 않았음을 보여주는 것 같았거든요. 대신 그는 스스로 선택한 일에 책임을 지고 자신이 되고자 했던 모습으로 나아갑니다. 영화 밖 우리가 하는 고민을 모아나도 했던 것이죠.

저도 모아나처럼 저의 미래를 두고 아빠와 자주 다투곤 했습니다. 가장 격렬한 싸움은 대학 진학을 앞뒀을 때였어요. 아빠는 제가 경영학과에 진학하기를 원하셨어요. 경영

학을 전공해야 취업이 잘되던 때였거든요. 반면 저는 사회와 문화에 관심이 컸습니다. 대기업에 들어가지는 못해도 굶어 죽기야 하겠느냐는 심정이었어요. 아빠와 저는 어느 과에 지원할지를 두고 언성을 높이며 다퉜습니다. 아마 여러분이 상상하는 그대로일 거예요. 아빠는 "너 잘되라고 하는 말인데……."라며 화를 내셨고, 저는 "내 인생을 아빠가 책임져 줄 거냐."며 씩씩댔어요. 아빠와 저는 성향과 취향이 정반대였어요. 저는 뉴스 아니면 시사·교양 프로그램만 보는 아빠를 이해할 수 없었습니다. '아빠는 저게 재밌나?' 하며 고개를 갸웃대기만 했죠. 아빠는 예능 유행어를 달고 사는 저를 보며 혀를 차셨습니다. 제가 "연예인들 나와서 낄낄깔깔대는 거(예능 프로그램을 가리키는 저희 아빠만의 표현이에요.)나 좋아한다."면서요. 아빠는 명예를 중요하게 생각하는 분이었고, 저는 즐거움을 추구하는 사람이었어요. 아빠는 근면과 성실에 가치를 두는 분이었고, 저는 상상과 자유를 좋아하는 사람이었어요. 아빠가 제 학교 성적을 궁금해하실 때, 저는 성적표 대신 예매해 놓은 공연 날짜를 손꼽아 기다리곤 했어요. 아빠는 제가 변호사나 회계사 같은 전문직이 되기를 바라셨습니다. 저는 적당히 벌고 적당히 노는 삶을 살고

싶었어요. 그리고 무엇보다, 전문직 시험에 합격할 자신도
없었고요.

아빠는 제가 대학생 때 돌아가셨습니다. 그로부터 몇 년
후, 저는 연예부 기자로 사회생활을 시작했고요. 가끔 궁금
했어요. 아빠가 살아 계셨다면 뭐라고 하셨을까. 정치부나
사회부가 아니라 왜 하필 연예부냐고 묻지는 않으셨을까.
연예인 뒤꽁무니나 쫓아다니는 일이라고 생각하지는 않으
셨을까. 여러분도 잘 아시잖아요, 연예부 기자를 향한 부정
적인 시선을. 하지만 저는 제가 하는 일이 좋았어요. 드라마
나 영화처럼 누군가 만들어 낸 이야기가 재밌었어요. 제가
사랑하는 이야기에 관해, 저를 화나게 하는 이야기에 관해,
그리고 그 이야기를 만든 사람들에 관해 말하고 싶었어요.
저는 글을 쓰는 일이 좋았고, 무엇을 글로 쓸지 고민하는 것
이 힘들지만 보람찼어요. 아빠는 저를 자랑스러워하실까요.
지금도 잘 모르겠습니다. 아 참! 책을 낸다는 것은 기뻐하셨
을 것 같군요. 아빠에게 자랑스러운 딸이고픈 마음은 지금
도 굴뚝 같아요. 하지만 자랑스러운 딸이 되기 위해서 제가
원하지 않는 일을 하거나 제가 아닌 다른 사람인 척하고 싶

지는 않아요. 저주를 풀고 돌아온 모아나를 아버지가 따뜻하게 안아 줬듯, 저 역시 저다운 모습으로 부모님의 자랑이 되고 싶어요.

우리는 무엇이든 될 수 있으니까

용암 괴물과의 첫 전투에서 패하고, 동료 마우이와도 헤어진 모아나는 스스로에게 묻습니다. "난 누구지?" 모아나는 누구일까요. 족장의 딸이자 바다와 소통할 수 있는 초능력자. 그게 전부일까요. 모아나는 자신을 차근히 들여다보며 그 답을 찾습니다. 난 내가 사는 섬을 사랑하는 아이, 바다를 사랑하는 아이, 마을 족장의 딸이자 온 세상을 누비는 항해자들의 후손. 어떤 일이 닥쳐도 길을 찾을 아이. 내가 누구인지를 말해 주는 건 나의 위치나 능력만이 아닙니다. 내가 사랑하는 것, 내가 슬퍼하는 것, 내가 소중히 여기는 것과 지키고자 하는 것……. 그 모든 것이 나를 나답게, 우리를 우리답게 만들어 준다고 믿어요. 모아나는 대지의 심장을 돌려놓는 여정을 통해 진정 자신다운 게 무엇인지 깨달아 갑니다. 영화가 모아나를 주인공으로 선택한 이유 역시, 관객들이 모아나처럼 자기 자신이 누구인지 깨닫길 원했기 때문일 겁니다. 그리고 이 과정에 왕자는 필요하지 않아요. 우리는 무엇이든 꿈꿀 수 있고, 누구든 꿈꾸는 대로 될 수 있다고, 모아나는 제게 알려 주었습니다.

디즈니는 최근 새로운 모습의 공주들을 소개하고 있습니다. 2023년 실사 영화로 개봉한 〈인어공주〉가 대표적입니다. 흰 피부를 가진 애니메이션 속 애리얼과 달리, 실사 영화의 애리얼은 아프리카계 미국인 배우 할리 베일리가 연

기했어요. 진통이 없지는 않았습니다. "검은 인어공주는 내가 원하는 인어공주가 아니다."라며 영화에 '평점 테러'를 하는 사람이 어찌나 많았는지 몰라요. 할리 베일리가 전형적인 미인이 아니라며, 그의 외모를 흉보는 사람은 또 얼마나 많았다고요. 하지만 지구 반대편에서는 라틴계 여자아이들과 아프리카계 여자아이들은 기쁨의 탄성을 내질렀다고 해요. "애리얼도 나처럼 갈색이야!"라는 탄성 말이에요. 동화 속 세계에서 소외됐던 어린이들이 자신과 닮은 공주 캐릭터를 발견하며 기뻐할 수 있었던 것만으로도, 흑인 인어공주가 거둔 성취를 감히 낮잡아 볼 수 없다고 생각해요. 디즈니 공주 캐릭터를 많이 접한 여자아이들은 낮은 외모 자존감을 가졌더라는 연구 결과, 기억하시나요? 다양한 피부색, 다양한 체형, 다양한 성격을 가진 공주들이 더 많이 등장한다면, 이들을 보고 자란 아이들 역시 다양한 외모와 다양한 인격을 긍정할 수 있게 되리라고 믿습니다.

여러분도 스스로에게 물어보세요. "나는 누구지?"라고. 어떤 답이 떠오르나요? 우리 주변엔 각자의 모양으로 삶을 꾸려 나가는 여성들이 무척 많습니다. "사랑도 날 길들일 순 없다."라고 말하는 (여자)아이들, 자신을 억압하는 가정에서 벗어나 자아를 실현한 드라마 〈닥터 차정숙〉의 차정숙, 서로 경쟁하며 우정을 쌓은 댄스 경연 프로그램 〈스트릿 우먼 파이터〉의 댄서들……. 어쩌면 이것이 너무 낙관적인 응원처럼 들릴지도 모르겠습니다. 그래도 힘주어 말하고 싶어요. 여러분은 여러분이 보고 들은 이야기 속 누구라도 될 수 있다고. 공주든, 모험가든, 왕이든, 군인이든, 탐험가든, 연구가든, 되고 싶은 사람이 되는 것을 망설이지 않아도 된다고요. 적어도 여러분이 선택할 수 없었던 무언가 때문에 여러분 자신의 가능성을 의심하지 않기를 바란다는 응원과 다른 사람을 실망시키지 않으려고 원하지 않는 무언가를 목표로 삼지 않아도 괜찮다는 조언도 감히 덧붙이고 싶어요.

저는 '말하는 사람'이 되고 싶었어요. 저에게는 역경을 극복한 경험이나 세상을 꿰뚫어 볼 지혜가 없어서, 저는 종종 다른 사람의 이야기를 통해 제 안에 쌓인 말을 털어놓곤 합니다. 지금 쓰고 있는 이 글처럼요. 그리고 여러분께 들려주고 싶은 이야기를 고르면서 저 역시도 힘을 얻어요. 영화 속 주인공들의 도전과 싸움으로부터 용기를 나눠 받고, 제가 되고 싶은 사람의 모습을 더 구체적으로 그리기도 합니다. 저는 아직 모르는 게 많고, 그만큼 후회도 많이 해요. 때론 반복되는 일상을 지루해하고 때론 예상 못 한 일들에 부대끼기도 합니다. 하지만 제가 쌓아 온 저의 나날을 허물고 싶진 않아요. 제 앞에 놓인 선택을 다른 사람에게 맡기고 싶지도 않고요. 적어도 저라는 사람을 저의 의지로 완성하는 것만큼은 포기하지 않을 작정입니다. 엄마의 바람이나 아빠의 기대, 있을지 없을지도 모르는 백마 탄 왕자의 구원에 얽매이지 않으면서요.

작지만 큰 사명감으로
캐서린 크레이엄, 〈더 포스트〉

선배 기자의 소개로 A 연예 기획사 직원을 만난 적이 있습니다. 이렇게 말하니 맞선이라도 본 것 같지만, 한동안 온라인 커뮤니티를 달궜던 A사의 임금 체불 문제를 듣기 위한 자리였어요. 제보자의 월급은 넉 달 전부터 밀렸고, 그중 두 달 치를 받지 못한 상태라고 했습니다. 아주 새로운 소식은 아니었어요. 자금난에 시달리던 A사가 직원들에게 월급을 주지 못하고 있다는 기사가, 이미 제보자를 만나기 두 달 전에 나왔으니까요. 활동 수익을 정산받지 못한 A사 소속 배우가 회사 대표를 횡령 혐의로 고발했다는 소식 역시 대대적으로 보도된 뒤였습니다. '제보 내용을 기사로 쓰기에는 시기가 너무 늦은 것 아닐까?', '연예인 이야기도 아닌데 사람들이 관심을 갖기는 할까?', '그렇지 않아도 바빠 죽겠는데 괜히 일만 늘리는 건 아닐까?' 머릿속에 고민이 꼬리에 꼬리를 물며 이어졌습니다. 답을 찾지 못한 채 만난 제보자는, 제게 이런 말을 했습니다. "소속 배우는 수억 원을 못 받았다는데, 그에 비하면 저희 월급은 푼돈이라……. 이게 기삿거리가 될지 모르겠어요." 그러고는 이렇게 덧붙였습니다. "제가 회사 내부 자료라도 가져올 수 있었다면 좋았을 텐데……. 제 얘기, 기사로 안 쓰셔도 괜찮아요. 저도 이해해요." 제보자의 말을 들으며, 조금 전까지 고민했던 문제의 답을 찾았습니다. '그래. 직원들 이야기를 기사로 쓰자.' 특종을 내는 것만큼이나 보통 사람들의 이야기를 전하는 것도 중요하다는 믿음이 그제야 선명해졌습니다. 우리 사회의 다수는 보통 사람이고, 그들의 목소리는 우리 사회의 목소리라고 생각했어요. 그리고 그것은 '특종 기자'가 아닌 '보통 기자'로서 제가 마주한 책임감이기도 했습니다.

눈앞의 선택이 두렵더라도 우리는

2018년 개봉한 〈더 포스트〉는 1971년 미국에서 벌어진 펜타곤(국방부) 문서 특종을 다룬 실화 기반의 영화입니다. 영화의 주요 소재인 펜타곤 문서는 미국 정부가 1945년부터 1967년까지 베트남 전쟁에 관여한 역사를 담은 1급 기밀문서인데요. 이 문서의 파장을 이해하려면 우선 베트남 전쟁 역사를 간단하게라도 알아야 합니다. 1946년부터 시작해 볼까요? 프랑스에게 식민지 지배를 받던 베트남은 1946년 호찌민을 중심으로 독립 전쟁을 벌여, 결국 1954년에 승리합니다. 하지만 거기에서 끝이 아니었어요. 베트남은 서양 강대국들에 의해 북베트남과 남베트남으로 쪼개졌습니다. 북베트남은 공산주의를 표방했고, 남베트남은 미국식 자유 민주주의를 받아들였죠. 결국 1955년 북베트남과 남베트남 사이에서 전쟁이 벌어져요. 남베트남을 지원하던 미국은 1964년 통킹만 사건(베트남 동쪽 바다, 통킹만에서 미 군함이 북베트남 경비정으로부터 공격받은 사건)을 계기로 전쟁에 본격적으로 뛰어듭니다. 흔히 '월남전'으로 잘 알려진 베트남 전쟁이에요. 전쟁은 수년간 이어진 끝에 북베트남의 승리로 끝났고, 미국은 사실상 패배했습니다. 수백만 명이 희생된, 참혹한 역사였지요.

펜타곤 문서의 내용은 충격적이었습니다. 미국 정부가 전 세계 공산주의 세력을 견제하고 베트남에서 영향력을 행사하기 위해, 오래전부터 베트남 전쟁에 개입했다는 주장이 담겨 있었거든요. 정부가 베트남 전쟁의 참혹한 실상과 전쟁에서 패배할 가능성이 높다는 것을 알고도 전쟁을 계속했다는 진실도 드러났습니다. 문서 내용대로라면 미국 정부는 오랜 기간 거짓 정보로 국민을 속였고, 위험을 알고도 수많은 군인을 사지로 내몰았습니다. 이 문서는, 문서 작성에 참여했던 군사 분석 전문가 엘스버그가 뉴욕타임스에 문서 사본을 제보하면서 세상에 공개됩니다. 뉴욕타임스는 3개월간 펜타곤 문서를 분석해 연재 기사를 내보내고요. 빵! 빵! 빵! 역사적인 특종에 백악관은 발칵 뒤집히고, 정부를 규탄하는 시민들은 거리로 쏟아져 나왔어요. 경쟁사 워싱턴 포스트는 발등에 불 떨어진 처지가 되죠. 워싱턴 포스트 기자들은 사력을 다해서 펜타곤 문서를 찾았고, 마침내 문서와 제보자를 확보합니다. 펜타곤 문서를 찾아내라는 편집국장의 목소리 위로 제가 들었던 수많은 목소리가 겹쳐 들리는 듯했습니다. "야. 디스패치 기사 떴다. 일단 베껴 써."(제가 복붙 기계인가요.) "○○○이랑 △△△이 사귄다는 얘기, 넌 못 들었어?"(말을 해 줘야 알죠.) "□□□ 일요일에 기자회견 한댄다. 네가 가."(일요일이라면서요?) 유명 아이돌 그룹 출신 배우가 성폭행 혐의로 피소당한 뒤 처음 경찰에 출석한 날에는, "경찰서 앞에서 버티다가 음식 배달 기사에게라도 사건에 대해 무슨 얘길 들었는지 물어보라."는 주문을 받고 아연실색하기도 했어요. 그런 날엔 사무실에 앉아 뭐든 알아 오라고 지시하는 선배 기자가 어찌나 부럽던지 몰라요. 기자의 숙명은 '몸빵'이라던 옛 상사나 특종이야말로 기자의 근본이라던 국장의 말에 말없이 고개를 끄덕이면서도, 속으론 '그런 말은 나도 하겠다.'라고 구시렁거린 날은, 또 얼마나 많았는지 몰라요. 〈더 포스트〉의 캐서린도 지시만 하면 되는, 편해 보이던 사람 중 하나였습니다. 캐서린 그레이엄, 워싱턴 포스트의 발행인. 할아버지 때부터 회사를 운영해 온 오너 일가의 한 사람. 일단 시키고, 기자들이 뭐든 물어 올 때까지 그냥 자리에 앉아 있으면 될 뿐인, 그런 사람.

제 생각은 틀렸습니다. 그에겐 그만의 싸움이 있었어요. 캐서린은 경영 초짜였어요. 오너였던 남편이 죽은 뒤 갑작스럽게 그 자리에 앉게 됐거든요. 게다가 회사 사정은 좋지 않

았습니다. 직원들 월급도 겨우겨우 줄 형편이었어요. 캐서린
은 워싱턴 포스트를 상장해 자금을 마련하기로 합니다. 그러
려면 회사 주식을 살 주요 투자자들에게 믿음직스러운 모습
을 보여야 했죠. 캐서린이 투자자들을 만나느라 바쁜 나날을
보내던 그때, 워싱턴 포스트 기자들은 펜타곤 문서를 손에
넣습니다. 회사의 최종 결정권자인 캐서린은 이 문서를 보도
할지 말지 선택해야 했어요. 분위기는 좋지 않았습니다. 미
국 정부는 펜타곤 문서를 처음 보도한 뉴욕타임즈를 고발하
고, 관련 기사 보도를 막은 상태였어요. 펜타곤 문서를 기사
화한다면 기자와 제보자는 물론, 회사 오너도 감옥에 갈 위
기였죠. 그렇게 되면 워싱턴 포스트가 폐간될 가능성도 무시
할 수 없었습니다. 이사회는 정부의 심기를 거스르는 기사를
낸다면 투자자들이 등을 돌릴 거라 경고해요. 설상가상, 이
문서와 깊게 연관된 전임 국방부 장관은 캐서린의 친구였어
요. 보도하는 순간 오랜 친구를 저격하게 되는 상황이었죠.
이런 캐서린의 속을 아는지 모르는지, 기자들은 펜타곤 문서
를 보도하지 않으면 회사를 떠날 거라고 으름장을 놓습니다.
캐서린을 가장 곤란하게 했던 것은, 자기 자신을 믿지 못했
던 거였어요. 수많은 이들의 입장이 엇갈려 있는 이 중요한

사안을, 자기 확신이 없는 상황에서 결정해야 했어요.

　그는 워싱턴 포스트 최초의 여성 발행인이었습니다. 당시는 1970년대였어요. 가정을 꾸리는 게 여성의 유일한 덕목으로 여겨지던 때 말이에요. 자, 이제 상상이 되나요? 캐서린은 모두에게 자질을 의심받았습니다. 단지 여성이라는 이유 때문에요. 그는 어딜 가든 남성들에게 둘러싸여, "여자가 책임을 맡아서 투자자들이 겁먹은 게 분명해요.", "그레이엄이 충분한 이익을 내지 못할 거라고 걱정하는 게 당연해요." 같은 말을 들어야 했죠. 심지어 아군처럼 보이는 편집국장조차 캐서린의 조언을 진지하게 생각하지 않았어요. '무능한 여성'이란 색안경을 깨기 위해, 캐서린은 남들보다 더 많이 자신의 유능함을 증명해야 했습니다. 하지만 그게 말처럼 쉬웠을까요. 캐서린은 다른 사람들의 말과 태도에서 '너는 안 돼.', '너는 못 해.', '너는 아직 부족해.'란 메시지를 끊임없이 받았잖아요. 그런 말을 계속 듣다 보면 누구라도 자신감을 잃기 마련입니다. 남에게 내 의견을 말하기도 전에 '내가 이런 말을 해도 될까?'라는 생각을 하면서, 스스로 검열하게 돼요. 캐서린을 의심하고 냉소하는 시선은 그가 잠재력을 발휘하기 어렵게 만들었습니다. 캐서린마저도 자신에 대한 믿음이 약해졌고요.

마침내 펜타곤 문서를 보도하기로 결정한 순간, 캐서린은 초조해 보였습니다. 입술을 깨물기도 하고 두 눈엔 눈물이 고이기도 했어요. 우리가 흔히 주인공에게 기대하는, 용맹하거나 담대한 모습과는 거리가 멀지요. 하지만 저는 그런 캐서린의 얼굴이 좋았어요. 신념은 두려움을 사라지게 만드는 것이 아니라, 두려움에 맞서면서 강해지는 것임을 보여 주는 듯했거든요. 캐서린이 펜타곤 문서를 보도하면서 '나는 감옥에 가도 상관없다.'라거나 '워싱턴 포스트가 폐간돼도 괜찮다.'라고 생각했을까요? 아닐 겁니다. 자신과 회사 앞에 닥칠 위기가 여전히 두려웠을 거예요. 다만 두려움에 압도되지 않고, 신념을 따르기로 했을 뿐이에요. 펜타곤 문서 사건이 터지기 전, 캐서린은 수첩에 이런 문장을 적었습니다. "품질이 이윤을 만든다." 저널리즘의 경제적 가치를 의심하는 투자자들을 설득하기 위한 말이었어요. '돈 되는 기사'가 따로 있는 게 아니라 '좋은 기사'로 돈을 벌 수 있다는 뜻이었죠. 그리고 좋은 기사의 의미는 아이러니하게도 두려움 앞에서 더 또렷해졌습니다. 권력에 굴종하지 않는 기사, 사람들이 마땅히 알아야 할 진실을 전하는 기사. 펜타곤 문서를 보도하기로 한 후 캐서린은 또다시 남성들에게 둘러싸입니다. 이번에도 역시 자신의 자질을 의심하고, 자신의 판단을 불신하며, 어떻게든 자신을 가르치려 드는 남성들에게요. 하지만 이제 캐서린은 더는 흔들리지 않습니다. 자신을 말리는 이사회에 맞서 "신문의 사명은 탁월한 뉴스 수집과 보도"이고, "신문은 나라의 안녕과 자유 언론의 원칙에 헌신할 것."이라고 말하면서, 캐서린은 점점 자신의 신념을 확신합니다. 캐서린이 이 이야기의 주인공이 될 수 있었던 것은, 그가 커다란 두려움을 견뎌 신념을 실천한 사람이기 때문이 아닐까요?

어쩌면 우리도 캐서린이나 워싱턴 포스트의 기자들처럼 매일 우리 몫의 두려움을 견디고 있는지도 모릅니다. 저는 A사 직원을 인터뷰하기 전 고민했듯이, 이 작은 이야기에 무슨 가치가 있을까 하는 의심이 가장 두려워요. 특종을 써서 온 나라를 떠들썩하게 만드는 기자야말로 참기자 아닐까. 나는 그저 내가 좋아하고 우리에게 필요하다고 생각하

는 이야기를 찾는 사람이라고 믿어 왔는데, 실은 특종을 쓰지 못한 데 대한 '정신승리'였던 건 아닐까. 한때 같은 회사에서 일했던 선배 기자는 "기자는 기사로 세상을 바꾸는 사람"이라고 했는데, 제가 쓰는 기사로는 세상을 1억분의 1밀리미터도 바꾸지 못할 거라는 생각이 들기도 했어요. 심지어 이 글을 쓰는 지금도, 〈더 포스트〉와 저의 비루한 취재기를 나란히 쓰는 것이 부끄럽고 머쓱해서 당장이라도 쥐구멍으로 숨고 싶은 기분이에요. 하지만 그럼에도 불구하고, 저는 여전히 특종만큼이나 평범한 사람들의 이야기가 중요하다고 믿습니다. 평범한 사람들의 구체적인 삶을 들여다보면, 세상이 어떤 방향으로 바뀌어야 하는지 그 실마리가 보인다고 생각하니까요. 우리가 평범하다고 믿어 왔던 일상에도 크고 작은 부조리가 숨어 있으니까요. 왜 어떤 사람들은 일을 하고도 돈을 받지 못하는지, 왜 어떤 사람들은 아파도 휴가를 쓰지 못하는지, 왜 어떤 사람들은 노동자로 인정받지 못하며, 왜 어떤 사람들은 노동자로 불리는 것에 거북함을 느끼는지……. 이 모든 것들이 평범한 사람들의 삶에서 벌어지는 일이니까요. 몰랐던 것을 아는 것만으로도 세상은 느리게나마 변하니까요.

지금 나의 자리에서 내 몫의 책임을

펜타곤 문서 보도는 캐서린 말고도 많은 사람의 사명과 노력이 합쳐진 결과였습니다. 펜타곤 문서를 세상 밖으로 가지고 나온 내부 고발자, 내부 고발자를 수소문해 문서 자료를 찾은 워싱턴 포스트의 기자, 그가 입수한 방대한 자료를 하나하나 뜯어보며 내용을 분석한 동료 기자들. 진실을 은폐하지 않기로 한 이들의 신념이 역사적 사건을 만들었습니다. 우리의 일상도 신념을 지키는 사람들에 의해 안전하게 지켜집니다. 매일 수많은 승객을 실어 나르는 마을버스 운전기사, 낯선 사람들에게 밥을 지어 먹이는 식당 요리사, 112를 누르면 응답하는 경찰과 119를 누르면 달려오는 소방관……. 사명감이라는 단어로 부르기가 멋쩍을 만큼 일상적인 일들이지만, 사람들이 각자의 자리에서 자신 몫의 책임을 정직하게 수행할 것이라는 믿음이 깔린 세상에 저는 살고 있습니다. 알아요. 여러분 중 누군가는 돈 벌려고 하는 일이라고 생각할 수도 있다는 것을요. 물론 제게도 돈은 중요해요. 퇴근하고 싶다고 숨쉬듯 내뱉으면서도, 동이 트면 성실하게 출근길에 오르는 가장 큰 이유 역시 돈일 거예요. 그러나 동시에, 돈이 일의 전부는 아니라고도 믿어요. 순진

한 생각일까요? 글쎄요. 어쩌면 돈이 모든 것인 세상을 사는 사람도 있겠죠. 하지만 사회가 정상적으로, 혹은 안전하게 굴러가게 만드는 것은 거짓이나 의심 없이 자신의 본분을 지키는 사람들일 거라고 저는 믿어요. 당장 이 글을 쓰기 몇 시간 전에도 이런 사건이 있었어요. 어느 10대 소년이 열차를 탈선시켜 소년원에 가겠다며 고속철도 선로 위에 돌덩이를 올려놨어요. 자칫 대형 사고가 날 수도 있었어요. 하지만 관제원이 CCTV로 역내를 꼼꼼하게 살피고 재빠르게 대처해서, 사고를 막을 수 있었어요. 그래요. 이렇게 보통의 얼

굴을 한 영웅들은 위기의 순간, 기어코 모습을 드러내기 마련입니다. 영화 〈엑시트〉의 주인공 의주처럼요.

의주는 수도권의 한 예식장에서 부점장으로 일합니다. 대학 시절 의주를 짝사랑했던 동기 용남과 손님으로 마주친 어느 날, 예식장 주변에 정체불명의 유독 가스가 퍼져요. 위험을 감지한 의주가 가장 먼저 한 일은, "빨리 가야 돼."라며 자신을 잡아끄는 용남을 뿌리치고 화재 경고음을 울린 것이었어요. 그다음 식장에 남은 손님들을 대피시키고, 휴대폰으로 구조 신호를 보내고, 심지어 간신히 얻은 구조 헬기 자리도 손님들에게 양보해요. 건물 위를 달리다 어렵사리 만난 두 번째 구조 헬기마저, 자신과 용남보다 약한 학생들에게 보내기도 하지요. 의주는 〈더 포스트〉 속 주인공들이 그랬듯 끊임없이 자기 안의 두려움과 싸웁니다. 호흡이 가빠와 숨소리는 거칠어지고, 불안은 눈물이 되어 터져 나오죠. 하지만 그러면서도 의주는 자신이 옳다고 생각하는 일을 해요. 예식장 부점장으로서의 책임과 어른으로서의 도리를 의주는 끝내 모른 체하지 않습니다. 용남도 마찬가지였고요. 영화 속 영웅은 이들뿐만이 아닙니다. 도시 상공을 누비며 시민들을 구조하는 구조 대원들, 유독 가스 성분을 신속하게 파악하고 대피 요령을 알리는 전문가들, 재난을 지켜보는 데서 그치지 않고 저마다 장비를 동원해 도움의 손길을 내미는 시민들……. 각자의 자리에서 최선을 다하는 이들을 어떻게 영웅이라고 부르지 않을 수 있겠어요.

올해는 제가 기자로 일한 지 딱 10년 차가 되는 해이자 제가 기자라는 직업을 떠난 첫해이기도 합니다. 마음이 복잡해요. 아직 기사를 통해서 하고 싶은 말도, 해야 할 말도 많은 것 같거든요. '누구의 이야기를 어떻게 전해야 할까?'라는 고민이 지난 10년간 저의 근간이었는데, 지금은 '나는 무엇을 하는 사람인가?'를 다시 고민해야 하고요. 하지만 결국, 같은 문장이 마음에 새겨집니다. 지금 내 자리에서, 내 몫의 책임을 다하자고요. 나의 선택을 남의 손에게 맡기지 말자고. 나의 욕심을 위해, 다른 사람을 이용하지 말자고. 나의 야망을 위해, 도덕과 양심을 희생하지 말자고. 용기를 내되 자만하지 말자고. 그리고 한 명의 직업인으로서뿐만 아니라 수많은 사람에게 기대어 사는 한 명의 시민으로서도 제 몫을 해내자고 이 글을 통해 다짐해 봅니다. 매일 사

람 죽는 이야기가 쏟아지는 뉴스를 보기
괴롭다는 이유로 외면하지 말자고, 슬픔
이나 분노 같은 감정에 무뎌지지 말자고,
마음이 힘든 날엔 잘 차린 음식으로 자신을 돌
보고, 그러다가 여유가 생기면 친구들의 마음도
돌보아 살피자고요. 저는 궁금해요. 여러분은
어떤 일을 하고 싶은지, 그 일을 하고 싶은 이
유는 무엇인지, 그 일을 통해 앞으로 어떤
사람이 되고 싶은지. 우리는 서로
모르는 사이이고 만나서 친구가
되기도 어렵겠죠. 하지만 우리가
각자의 자리에서 최선을 다하다 보
면, 우리는 어떻게든 서로를 도울 수 있
을 거라고 믿습니다.

당연한 것들이 당연해질 때까지
크루엘라, 〈크루엘라〉

저는 대학생 때부터 쇼트커트와 단발머리 사이를 오가고 있습니다. '꾸밈노동'을 벗어나겠다는 거창한 의도는 아니에요. 관리하기 편하기 때문도 아니고요. 저는 짧은 머리를 한 제 모습이 가장 마음에 들거든요. 이 머리를 하면 제가 더 예뻐 보이는지는 잘 모르겠어요. 짧은 머리를 했을 때, 제가 더 자유롭다는 느낌이 들어서 좋아요. 저처럼 머리가 짧은 분들은 공감할 거예요. 단발이나 쇼트커트를 하면, "머리 좀 길러 봐."라는 얘기를 얼마나 많이 듣는지 몰라요. "머리가 길면 여성스러울 것 같다."(여성스럽다는 기준은 대체 뭘까요.)거나 "머리만 기르면 인기가 많을 것 같다."(과연 인기가 없는 게 헤어스

타일 때문일까요.)는 말을 지겨울 만큼 자주 듣지요. 때로는 웃지 못할 오해를 받은 적도 있어요. 한창 쇼트커트에 빠져 있을 때, 혹시 동성을 좋아하느냐는 이야기를 듣기도 했습니다. 무려 점을 보러 간 자리에서 말이에요. 온라인 커뮤니티를 보면 "쇼트커트 한 여자는 거르는 게 상책."이란 글도 자주 눈에 띕니다. 그러면 저는 속으로 생각해요. '아이고, 저를 걸러 주신다니 감~사합니다.'라고요.

"모두의 비위를 맞출 순 없어."

우리는 종종 '튀는 사람'을 보면 색안경부터 끼곤 합니다. 때로는 남들과는 다르다는 사실만으로 무리에서 소외되거나 배제되기도 하지요. 영화 〈크루엘라〉의 주인공 크루엘라처럼요. 크루엘라는 어릴 때부터 여러모로 튀는 존재였어요. 생김새부터가 그랬죠. 한쪽 머리카락은 흰색이었고, 다른 한쪽은 검은색이었어요. 그래서 불쾌한 경험도 자주 했어요. 그가 아직 걸음마를 떼지도 못했을 적에, 길을 걷던 할머니는 유아차를 탄 크루엘라를 보더니 이렇게 말했어요. "참 안됐네요." 학교에 다니면서부터는 괴롭힘도 당했어요. 초등학교 입학 첫날, 크루엘라는 처음 본 아이에게 악수를 청했어요. 하지만 돌아오는 말은 이랬죠. "맙소사. 학교에 스컹크가 돌아다니네!" 못된 말을 한 걸로도 모자랐는지, 아이는 크루엘라에게 씹던 껌을 뱉기까지 했어요. 크루엘라는 어떻게 했을까요? 자기 머리 색깔을 부끄러워하며 움츠러들었을까요? 튀지 않는 색깔로 머리를 염색했을까요? 아니요. 크루엘라는 주눅 들지 않았어요. 누군가 생김새 때문에 자신을 놀리면, 당한 만큼 갚아 줬죠. 크루엘라에게 '튀는

튀지 말자.

머리'는 창피해하며 감춰야 할 무언가가 아니었어요. 오히려 세상에 단 하나뿐인, 자랑스러운 것이었죠. 크루엘라는 말했어요. "난 태어날 때부터 내 주장이 뚜렷했어. 그걸 싫어하는 사람도 있었지. 모두의 비위를 맞출 순 없어."

이런 크루엘라를 교장 선생님은 가만두지 않았어요. 크루엘라가 소동을 벌일 때마다 벌점을 매기며 으름장을 놓았어요. 결국 크루엘라는 퇴학당합니다. 아, 학교에서 퇴학시키기 전에, 엄마가 먼저 자퇴를 요구했으니 자퇴가 적절하겠네요. 엄마는 학교를 나오면서 크루엘라에게 '착한 소녀'로 살아달라며 당부합니다. 크루엘라는 엄마와 런던으로 떠났는데, 중간에 사고로 엄마를 잃고 말아요. 그 후 크루엘라는 달라집니다. 엄마가 원한 대로 '착하게' 살려고 해요. 착하다는 건 어떤 걸까요? 사람마다 기준은 조금씩 다르겠지만 보통은 권위 있는 사람의 말을 잘 듣고, 규칙을 잘 지키고, 튀려고 하지 않고, 불만을 얘기하지 않는 사람을 착하다고 해요. 크루엘라와는 거리가 멀죠. 그래서 크루엘라는 착하게 살기로 결심한 뒤로 가장 먼저 머리를 염색했어요. 튀지 않는 붉은색으로요. 크루엘라는 무의식적으로 느꼈던 거예요. 착하게 살려면, 그러니까 어떤 소동이나 싸움에도 휘말리지 않으려면, 자기 개성을 뾰족하게 드러내선 안 된다는 것을요.

그렇다고 크루엘라의 어머니가 딸을 사랑하지 않는 것은 아니었어요. 오히려 딸을 아끼고 걱정했기 때문에 그가 착하게 살기를 바랐죠. 어머니는 크루엘라의 인생이 덜 고달프길 원했을 거예요. 크루엘라도 괴롭힘을 참아 넘겼더라면 삶이 덜 시끄러웠을지도 몰라요. 학교에서 자퇴할 필요도, 런던으로 이사할 필요도 없었겠죠. 그랬다면 어머니를 잃지 않아도 됐을 테고요. 하지만 그러려면 무언가를 포기해야 했겠죠. 자신도 남들처럼 존중받아 마땅한 존재라는 생각을요. 정말 잘못한 사람은 누구일까요? 크루엘라의 외모가 튄다는 이유로 그를 괴롭힌 아이일까요, 아니면 괴롭힘에 맞선 크루엘라일까요? 크루엘라가 소란을 벌였다는 이유로 그를 벌한 선생님일까요, 아니면 자퇴를 결정한 크루엘라의 어머니일까요? 부당한 일에 맞서는 것은 잘못이 될 수 없어요. 남들과 다르다는 이유로 손가락질하고, 잘못을 제대로 꼬집지 않는 것이 진짜 잘못이지요.

다음 중 잘못한 사람은
누구일까요?

크루엘라를 괴롭힌 아이

괴롭힘에 맞선 크루엘라

크루엘라가 소란을 벌였다는
이유로 벌을 준 교장 선생님

저의 짧은 머리나 크루엘라의 흑백 머리가 취향이나 개성의 영역이라면, 생존을 위해 싸우는 사람들도 있습니다. 저도 종종 이런 사람들을 만나요. 대개는 출근길에서죠. 어떤 날은 휠체어로 지하철을 타고 내리는 장애인 단체의 시위로 출근이 늦어지고, 어떤 날은 광화문 광장에서 열린 집회로 차도가 막히기도 해요. 불편하지 않다면 거짓말일 거예요. 원망이 싹트려고 할 때면, 세상이 도무지 귀 기울여 주지 않아 큰 소리로 화를 내며 말해야 하는 이야기들이 있다는 사실을 떠올립니다. 아무도 도와주지 않아 소동을 벌이며 싸워야 했던 어린 크루엘라처럼 말이에요. 자세한 예시를 들어 볼게요. 전국장애인차별철폐연대(전장연)는 올해 출근길 지하철 시위를 벌였습니다. 장애인 권리 예산을 높여달라고 요구하면서요. 시위대와 경찰이 충돌하며 지하철 운행이 평소보다 늦어졌어요. 어떤 사람들은 '출근길 시민을 인질로 잡은 시위'라고 화를 냈어요. 특정 정치인을 겨냥한 시위라는 주장도 나왔습니다. 그런데요, 여러분. 출근길 시위는 말 그대로 최후의 보루였어요. 전장연은 출근길 시위를 벌이기 1년여 전부터 관계 부처에 장애인 권리 예산 요구안을 보내고 농성도 벌였지만, 어떤 답도 듣지 못했다고 해요. '착하게' 말했더니 아무도 관심을 갖지 않았던 거죠. 출근길을 가로막는 정도의 소란을 피워야만 자신들이 무엇을 요구하는지 세상에 알릴 수 있었던 거예요. 전장연만의 얘기는 아닙니다. 파업은 어떤가요. 급식 노동자, 버스 운전기사, 간호사……. 공공 서비스에서 파업이 벌어질 때마다 "다른 사람에게 불편을 끼친다.", "이기적이다." 같은 비난이 쏟아져요. 그분들께 질문을 던져 보겠습니다. 나를 위해서, 내가 겪은 부당함을 해결하기 위해 나서면 안 되는 거냐고요. 우리 자신 역시 부당한 상황에 놓이면 그건 틀렸다고 말할 수 있어야 해요. 필요하다면 '나쁜' 사람이 되면서라도요. 나를 위해서, 또 나와 비슷한 다른 이들을 위해서.

티 없이 맑은 시대에 새카만 얼룩을 남겨

말은 이렇게 하지만 부당함에 목소리를 내는 건 두려운 일이에요. '내가 평화로운 분위기를 깨뜨리는 것은 아닐까?', '다른 누군가가 나로 인해 불편을 겪는 건 아닐까?', '그러다가 사람들과 사이가 멀어지면 어떡하지?', '나만 참으면 괜찮은 일을 내가 망치는 건 아닐까?', 이런저런 걱정에 결국 말해야 할 타이밍을 놓쳐 버리곤 합니다. 용기가 필요할 때, 제가 되뇌는 구절이 있습니다. "당연한 것들이 당연해질 때까지."라는, 뮤지컬 〈레드북〉에 나오는 가사예요. 〈레드북〉은 1800년대 영국을 배경으로, 여성 작가 안나의 이야기를 다룬 작품입니다. 당시는 글쓰기가 남성들의 일로 여겨지던 때였어요. 모름지기 착한 여자란 가정을 꾸려 남편과 자녀들을 보살펴야 하는 줄로만 알았죠. 서른 살이 되도록 결혼하지 않은 안나는 별종으로 통했어요. "난 뭐지?"라며 혼란스러워하던 안나는 자신처럼 글 쓰는 여성들을 만나, 비로소 확신을 얻습니다. 그리고 자신의 연애담을 토대로 『낡은 침대를 타고』라는 소설을 써요. 하지만 세상은 그리 호락호락하지 않았습니다. 서점 주인은 "여자가 무슨 글을 쓰냐."라며 여성 작가들이 쓴 책을 받아 주지 않아요. 안나가 직접 책을 팔면서 소설이 입소문을 타자, 유명 남성 평론가가 안나를 공격해요. 안나가 쓴 소설이 육체적 사랑을 묘사한다는 이유로 "사회 혼란을 초래하는 음란 서적"이라고 비방하죠. 결국 안나는 출판법 위반 혐의로 경찰에 붙잡힙니다. 그래도 그는 굴하지 않아요. 안나는 이렇게 노래합니다. "내가 나라는 이유로 지워지고 나라는 이유로 사라지는, 티 없이 맑은 시대에 새카만 얼룩을 남겨. 나는 나를 말하는 사람."

안나와 크루엘라에겐 공통점이 몇 가지 있어요. 두 사람 모두 과격하고, 시끄럽고, 유난스러워요. 남들에게 별나다고 손가락질을 받을 정도로요. 다시 말해 안나와 크루엘라는 세상이 요구하는 '착한' 여자라는 좁고 작은 틀에 자신을 맞추지 않았어요. 소란을 피워야만 세상에 목소리가 닿았으니까요. 크루엘라는 가난했어요. 그래서 늘 무시당했죠. 그는 패션 디자이너가 되길 꿈꾸며 백화점에 취직했지만, 재봉틀 근처에도 못 갔어요. 수선실에서 일하고 싶다는 크루엘라의 말을 상사가 깡그리 무시했거든요. 크루엘라를 스카우트 한 유명 디자이너도 마찬가지였어요. 크루엘라의 어머니를 죽게 만들고도, 진실을 숨기고 왜곡했어요. 착하게 구는 것만으로는 패션 디자이너가 될 수도, 어머니의 죽음에 얽힌 비밀을 풀 수도 없었던 거예요.

안나도 마찬가지예요. 안나는 음란 소설을 썼다는 오명을 쓴 채 재판에 넘겨집니다. 빠져나갈 수 있는 방법이 하나 있기는 했어요. 정신 질환 때문에 판단력이 흐려졌다고 진술하는 것이죠. 하지만 안나는 그러지 않습니다. 『낡은 침대를 타고』는 자신의 의지대로 쓴 소설이며, 이 글을 쓴 것을 후회하거나 반성하지 않는다고 말해요. 안나는 자신의 소설을 읽으며 위로받고 즐거워했던 독자들에게 거짓말을 하고 싶진 않았습니다. 게다가 여성의 글쓰기와 성적 표현을 금지한 사회를 이해할 수 없었어요. 자신을 설득시키지 못하는 규칙에 맞춰 스스로를 부정하는 대신, 안나는 맞서 싸우기를 택합니다. 앞서 언급한 "당연한 것들이 당연해질 때까

지."라는 가사는 안나를 응원하는 노래에 등장하는 구절입니다. 당연한 사실이, 당연하게 받아들여질 때까지 당신의 이야기를 계속 들려 달라는 내용이지요. 저는 이 노래를 들으며 마음이 요동쳤어요. 당연하게 존재하지만, 목소리가 지워진 수많은 사람이 떠올랐거든요. 아무리 소리 높여 외쳐도 사람들에게 닿지 않아 화를 내고 싸우면서 할 수밖에 없는 이야기들도요. 물론 모든 싸움이, 싸움 자체만으로 정의로운 것은 아닙니다. 어떤 사람들은 다른 누군가를 비방하고 음해하려고 싸움을 벌이기도 해요. 그래서 우리는 더 잘 들어야 해요. 저 사람들이 왜 화를 내고 있는지, 그 목소리는 무엇을 요구하는지를.

우리에게 필요한 용기를 얻기 위해

여러분은 부당하다고 느낀 일이 있었나요? 그렇게 느낀 이유는요? 여러분의 생각이 옳다는 확신이 든다면 용기를 내어 말해 보세요. "그건 틀렸습니다."라고요. 크루엘라가 말했듯, 모두의 비위를 맞출 필요는 없어요. 모두의 마음에 드는 건 애초에 불가능한 일이기도 하고요. 다른 사람들의 시선을 기준 삼아, 여러분의 개성을 감출 필요 또한 없습니다. 실은 가끔 '쇼트커트 한 여자는 일단 거른다.'라는 글을 보면 걱정이 들기도 해요. 머리가 짧다는 이유만으로 누군가의 적개심을 살 수 있다는 뜻이니까요. 하지만 저를 설득하지 못하는 이야기로, 저를 바꾸고 싶지는 않습니다. 이해할 수 없는 이유로 손가락질받을 것이 두려워지는 날엔 "당연한 것들이 당연해질 때까지."라고 주문을 외며 저를 격려하려고 해요. 그리고 다정함과 친절함도 열심히 노력해서 갈고 닦고 싶어요. 누군가 부당한 일을 당했을 때 그의 목소리에 귀 기울여 줄 수 있는, 도움이 필요한 사람 곁에서 그와 함께 싸울 힘을 기르고 싶거든요.

내 몸과 화해하기

수잔 쿠퍼, 〈스파이〉

"맛있게 처먹을 팔자네." 대학 새내기 시절, 난생처음 간 사주 카페 사장님은 제 사주를 들여다보더니 이렇게 말했습니다. 처먹다니? 그것도 맛있게? 저는 현자들이 으레 쓰는 비유적 표현인 줄 알고 희망에 부풀어 물었어요. "그게 무슨 뜻이에요?" 그러자 사주 카페 사장님이 대답했어요. "뜻은 무슨 뜻이여. 뭐든 맛있게 처먹을 팔자라니까?" 알고 보니 제 사주에 식신(食神)이 셋이나 들어 있어서, 글자 그대로 먹을 걸 좋아하는 성향이라는 뜻이라더군요. 함께 사주를 본 친구는 자지러지게 웃었지만, 저는 "그러니까, 어디 가서 굶을 일은 없다는 거죠?"라며 의미 부여를 포기하지 않았습니다. "뭐든 맛있게 먹는 팔자"를 말 그대로 받아들이기에, 스무 살 소녀의 마음은 너무 여렸으니까요.

어쩌면 사주 카페 사장님의 안목이 옳은지도 모르겠습니다. 저는 식탐이 많고 그만큼 먹는 양도 많아요. 조금 전에도 치킨 반 마리와 라면 한 봉지를 먹은 뒤 입가심으로 감자칩 한 봉지와 초코아이스크림 반 통을 먹었고, 아이스아메리카노로 속을 달래며 이 글을 쓰고 있는걸요. 아이스아메리카노가 어떤 음료입니까, 여러분. 소화제도 아닌데 먹은 음식을 싹 내려 주는 마법의 물약, 과식했다는 죄책감마저 음식과 함께 소화기관 아래 저편으로 내려 주는 일명 '회개리카노' 아니겠습니까! 아무튼, 제가 스무 살 적엔 그룹 소녀시대가 촉발한 스키니진 유행이 한창이었어요. 중·고등학교 3년 내내 교복과 체육복만 걸치고 살던 저는 처음으로 알록달록한 스키니진을 입어 보았습니다. 아니, 입었다기보다는 욱여넣었다는 게 더 정확한 표현일 거예요. 상체보다 하체에 살이 더 많은 제게, 스키니진은 두 다리를 도라지처럼 보이게 만드는 저주받은 옷이었거든요. 무엇보다 스키니진을 입으면 다리가 평소보다 5센티미터는 더 짧아 보이는 게, 가장 큰 스트레스였어요. 여성 전용 온라인 커뮤니티를 샅샅이 뒤진 결과, 그것이 골반 때문이라는 결론에 도달했습니다. 유행이 바뀔 때마다 제 몸을 구석구석 싫어하게 됐어요. 미니스커트가 유행할 때는 툭 튀어나온 종아리 근육이 신경 쓰였고, 친구를 따라 시폰 원피스를 샀을 때는 어깨가 너무 우람한 것 같아 위축됐어요. 민소매를 입은 날엔 겨드랑이 살이 튀어나오지 않았는지 신경 쓰였고, 오프숄더 블라우스를 입은 날엔 승모근이 얼마나 솟아 있는지만 눈에 들어왔습니다. 심지어 통이 넓은 바지가 유행일 때도 불행했어요. "바지 면적만큼 엉덩이가 커 보이잖아!"라면서요. 저는 거울 앞에 뒤

돌아선 채 제 엉덩이를 흘끔거리며 절규했습니다.

　아름다운 몸을 정의하는 기준이 빡빡해질수록 먹는 행위는 더 부끄럽게 느껴졌어요. 또 먹는다고? 그 몸으로? 보이지 않는 누군가가 제게 이렇게 말하는 것 같았거든요. 음식에 집착하지 않는 사람은 쿨하고 세련돼 보였어요. 반대로 대식가인 나 자신은 미련하게, 우악스럽게, 촌스럽게, 수치스럽게 느껴졌죠. 저는 '먹어 봐야 어차피 아는 맛' 같은 다이어트 명언을 머리에 새겨 넣기 시작했어요. 마른 연예인들의 유튜브 방송을 보며 '음식은 5분 이상 씹는다.', '허기가 가시면 즉시 수저를 내려놓는다.' 등의 규칙도 만들었고요. 그 무렵 입사한 회사에선 입맛이 없다며 점심을 거르기 일쑤였습니다. 초콜릿 몇 개로 허기를 달래다가도 "은호는 밥을 안 먹어서 살이 안 찌나 봐."라는 말을 들으면 기분이 짜릿했어요. 하지만 식욕이 줄거나 배고픔에 무뎌지지 않았습니다. 저는 숨어서 먹었어요. 저 혼자뿐인 자취방에서 빵과 떡볶이를 배가 터지도록 먹곤 했지요. 그런 날엔 죄책감이 들었고, 의지가 약한 나 자신이 싫었어요. 다이어트가 영원히 패배할 수밖에 없는 싸움처럼 느껴졌습니다.

보이는 몸이 아닌, 움직이는 몸으로

연예부 기자로 일할 때는 연예인을 자주 봤고, 연예인과 일하는 사람들을 매일같이 만났습니다. 그만큼 몸에 관한 이야기도 많이 듣곤 했어요. 한번은 모 기획사 직원이 혀를 끌끌 차며 "신인 걸그룹 멤버가 공백기에 60킬로그램까지 살이 쪘다."라고 말한 적이 있습니다. '나랑 얼마 차이도 안 나는데, 이게 그렇게 한심할 일인가?'라고 생각했어요. 어떤 걸그룹 멤버는 체중을 조절하느라 종일 에너지바 하나로 끼니를 대신했다고 했어요. 활동이 끝나면 엄마가 족발을 사 주기로 했다며 웃는데, 지켜보는 저는 마음이 아팠어요. 그러고 보면 TV에 나오는, 체중이 많이 나가는 여성은 희극적인 요소를 담당했어요. 자기 일이나 취미에 몰두하는 전문가적인 모습보다는 뭔가를 먹고 마시며 즐거워하는 모습이 주로 보여져요. 요컨대 뚱뚱한 사람은 진지한 사람으로 받아들여지지 않곤 합니다.

2015년 개봉한 영화 〈스파이〉의 수잔 쿠퍼도 그런 여성 중 한 명입니다. 미국 중앙정보국(CIA) 요원인 그는 브래들리 파인과 짝을 이뤄 테러 조직을 추적해요. 파인이 현장에서 테러 조직 요원들과 몸으로 싸우면, 수잔은 사무실에서 적의 위치 파악 등 여러 업무를 지원해요. 어느 날, 파인이 불의의 사고를 당하면서 수잔이 현장에 투입됩니다. 그의 임무는 핵폭탄 판매업자를 미행해, 이를 구매하려는 테러리스트를 잡는 것. 하지만 그 여정이 쉽지만은 않습니다. 어떤 요원은 "됐어, 주방 아줌마."라며 대놓고 수잔을 무시해요. 현장 투입을 허락한 부국장은 수잔을 '자녀 넷을 키우는 싱글 맘', '고양이 열 마리와 사는 이혼녀' 등으로 변장시키죠. 심지어 파트너 파인마저 수잔을 진지하게 보지 않아요. 하지만 수잔은 뚱뚱한 여자에 대한 편견을 시원하게 부수어 버려요. 날쌔게 몸을 던지고 용감하게 주먹을 날리면서요. '지옥에서 온 말발'로 관객들을 웃게 만들지만, 수잔은 결코 우스운 존재가 아닙니다. 그는 복수심에 불타 임무를 망치지 않고, 두려움에 압도돼 물러서지도 않아요. 자기 일을 가볍게 여기지도, 자부심에 겨워 남을 무시하지도 않아요. 수잔의 몸은 더는 남들이 보고 평가하는 대상에 머무르지 않습니다. 움직이고 싸우는, 요원의 몸이에요. 이 당연한 사실을, 저는 영화를 다 보고 나서야 깨달았습니다.

제 몸은, 그리고 여러분의 몸은 다른 누군가에게 보이고 평가받는 무언가가 아니에요. 한때 예능 프로그램에서 몸매를 날씬하게 가꾸는 것이 '자기 관리'라는 이름으로 불리곤 했지요. 상대적으로 체중이 많이 나가는 사람은 게으르고 둔한 것처럼, 다시 말해 열등하고 무능한 것처럼 여겨졌어요. 이런 인식은 우리에게 '마른 체형을 가져야 한다.'는 압력으로 작용합니다. 특히 여성들에게 더 강력하게요. 한국여성정책연구원이 2019년 15~64세 여성 1,264명에게 설문한 결과, 90퍼센트 이상이 "우리 사회가 요구하는 바람직한 외모는 여성에게 더 강요된다."고 답했어요. 사회가 여성에게 이상적인 외모를 요구하는 정도가 남성보다 더 높다는 연구 결과('여성의 신체 이미지 왜곡 및 외모 관리 행동과 정책적 시사점', 김동식 한국여성정책연구원 선임연구위원)도 있고요. 이렇게 딱딱하게 설명하지 않아도, 이미 여러분도 일상에서 느끼고 있으리라 생각합니다. 우리는 마르거나, 마르면서 근육질이거나, 말랐는데 볼륨도 있는 체형을 갈망하며 스스로를 미워하는 데 너무나 익숙해져 있잖아요. 그래서 저는 다시 수잔을 봅니다. 그가 〈스파이〉의 주인공인 것은 뛰어난 첩보원이기 때문이지만, 그가 우리 이야기의 주인공이 된 것은 이상적인

요원이 무슨
스타일이 그래?

살 좀 빼.
너무 둔해 보인다.

으

퍽

일이나 똑바로 해
*****야.

체형이라거나 아름다운 몸이라는 굴레를 박살 냈기 때문이라고 여러분에게 말해 주고 싶어요.

"여자들이란."

다시 영화 이야기로 돌아가 봅시다. 제 가슴을 쿡 찌른 대사를 여러분께 소개하고 싶거든요. 수잔이 첩보원으로서 본격적인 활약을 펼치기 전, 수잔의 상사가 수잔에게 하는 말입니다. 상사는 수잔이 훈련생 시절에 가장 싸움을 잘했다는 걸 알게 됩니다. 그러면서 수잔에게 왜 현장이 아닌 사무실을 택했느냐고 물어요. 수잔은 훈련생 시절 멘토였던 파인이 자신에게 가장 잘 어울리는 자리로 사무실을 추천했다고 답하죠. 설명을 들은 상사는 바로 그 대사를 내뱉습니다. "여자들이란." 여러분에겐 이 대사가 어떤 의미로 들리나요? 저에겐 '여자들이란 너무 쉽게 자신을 과소평가한다.'라는 뜻으로 다가왔어요. 여성을 탓하거나 비하하는 의미가 아닙니다. 그보다는, 여성은 능력을 제대로 평가받을 기회가 적어 자신을 과소평가하기 쉽다는 이야기예요. 수잔만 봐도 그래요. 파트너 파인와 협력해 임무를 무사히 끝내고도(심지어 '뻘짓'은 파인이 다 했다고요!) "내가 스파이인 게 상상이

나 돼요? 어림없죠."라거나 "당신은 훤해 보이는데 난 포대
자루를 뒤집어쓰고 있잖아요."라는 둥 자기 비하를 계속하
잖아요. 파인이 자기 세탁물을 찾아오라거나 정원사를 해고
하고 잔디를 깎아달라는 등 업무와 상관없는 사적인 심부름
을 시켜도 수잔은 거절할 줄 몰라요. 흔히 자존감이 낮다고
일컬어지는 행동들인데, 그렇다면 수잔은 도대체 왜 자신을
낮추는 데 익숙했을까요? 그가 못난 사람이라서? 파인의 기
를 살려 주려고? 글쎄요. 저는 사방에서 수잔의 체형을 지적
하고 능력을 얕잡아 보는 상황에서 자존감이 높다면 더 신
기할 일이라고 봐요. 영화에 다 담기지 않은 모욕을 수잔은
얼마나 많이 겪고 참아 왔겠어요.

　우리는 종종 그다지 중요하지 않은 것들, 이를테면 우리의
외모나 성별, 출신 지역 같은 것들로 평가당하곤 합니다. "여
자아이는 얌전해야 해.", "남자아이는 용감해야 해." 같은 훈
계도 자주 듣지요. 나를 규정하는 말들을 계속 듣다 보면 내
가 어떤 사람인지 아는 것이 어려워져요. 내가 뭘 원하는지,
뭘 할 수 있는지도 헷갈리게 되고요. 그래서 저는 수잔의 활
약상을 더 큰 목소리로 말하고 싶어요. "보아라, 이것이 수잔

의 진가다!" 하고 말이에요. 혹시 모르죠. 이 책을 읽고, 〈스파이〉를 본 어느 소녀가 수잔처럼 첩보원이 되겠다며 꿈을 꿀지도요. 저는 여러분이 더 다양한 롤 모델을 만날 수 있으면 좋겠어요. 제가 어렸을 적 읽었던 위인전은 온통 수염 난 아저씨들 이야기뿐이어서, '나도 저 사람처럼 될 수 있어!'라는 자신감을 얻기가 어려웠거든요. 다양한 외모, 다양한 성 정체성, 다양한 국적을 가진 위인들의 이야기가 더 많이 등장한다면, 우리도 우리의 가능성을 더 다양하게 상상할 수 있을 거예요. 한 가지 더. 우리가 서로에게 〈스파이〉 속 낸시 같은 친구가 되어 주면 좋겠습니다. 낸시는 처음부터 수잔을 정식 요원으로 바라봐요. 현장 임무를 앞둔 수잔과 함께 즐거워하는 사람도, "난 스파이 체질이 아니야."라며 걱정하는 수잔을 차분히 격려하는 사람도, 위기에 빠진 수잔을 돕고, 성공의 기쁨을 함께 나누는 사람도 모두 낸시입니다. 비록 수잔이 방귀를 뀌었다는 누명을 씌운 사람도 낸시이긴 하지만요……. 어쨌거나 중요한 것은 내가 나를 믿는 데는 주변의 지지와 도움이 필요하다는 겁니다. 그러니까, "오랜만에 보니까 살 빠진 것 같네."라거나 "너는 눈이 크면 더 예쁘겠다." 같은 말 대신, "나는 네가 쓴 글이 좋아."라거나 "내가

도와줄게." 같은 말을 나눠 보면 어떨까요? 틀림없이 외모 얘기를 할 때보다, 더 큰 용기를 주고받을 수 있을 거예요.

내 몸과 화해하기

기나긴 다이어트로 좋은 것을 하나 얻기는 했어요. 바로 달리기의 즐거움이에요. 저는 일주일에 두세 번, 집 근처 산책로를 5킬로미터 정도 달려요. 이렇게 야외에서 달리면 머릿속이 비워지고 상쾌한 기분이 듭니다. 무엇보다, 적어도 달리는 순간만큼은 제 몸이 어떻게 보이는지 신경 쓰지 않을 수 있어서 좋아요. 숨을 고르게 쉬며, 속도를 유지하는 것에만 집중하게 되거든요. 빠르게 달린 날은 엉덩이 근육이 배기고, 자세가 비뚤어진 날에는 종아리 바깥쪽이 뻣뻣하게 굳기도 합니다. 저는 그렇게 제 몸을 '오리 궁뎅이'나 '무다리'로 쪼개어 분석하는 데서 벗어나 몸의 기능과 감각을 익히고 있습니다. 지금보다 마른 몸을 갖고 싶다는 열망에서 벗어났다고 하면 거짓말일 거예요. 실은 요즘에도, 달리기를 하고 나면 거울 앞에 서서 허리가 얼마나 홀쭉해졌는지, 허벅지가 얼마나 가늘어졌는지를 살펴봐요. 하지만 예전만큼 먹는 행위에 죄책감을 느끼며 제 몸을 미워하지는 않게 된 것 같습니다. 탄수화물을 섭취하면 달리는 게 덜 힘들고, 종아리 근육이 발달할수록 무릎이 덜 아픈 것 같거든요. 바라는 게 있다면 이상적인 체형뿐만 아니라 정상적인 몸에 대한 환상도 깨고 싶어요. 건강한 몸이 정상적인 몸이라는 환상 말이에요. 배우 엄정화가 예능 프로그램 〈유 퀴즈 온 더 블럭〉에서 한 말을 듣고 하게 된 생각입니다. 갑상선암 수술을 받은 뒤로 목소리가 달라졌다는 그는 이렇게 덧붙였어요. "자꾸 예전하고 (목소리를) 비교하려고 했던 것 같아요. 이걸 단점이라고 생각하며 감추려고 하면 더 안 좋게 느껴지고 스스로 움츠러들어요. 그런데 '내 목소리는 이렇게 특색 있어. 이게 나야.'라고 받아들이면 마음이 편해져요. 그리고 제 목소리가 마음에 들어요." 제게도 언젠가 질병과 노화 때문에 몸 상태가 달라지는 날이 오겠죠. 당장 지금도 10년 전보다 눈이며 치아며 약해진 곳투성인 걸요. 하지만 이런 제 몸을 '열등한 몸', '극복해야 할 몸'으로 여기고 싶지는 않아요. 건강을 내팽개치겠다는 이야기가 아니에요. 다만 정상적인 몸이나 이상적인 몸을 기준으로 더는 제 몸을 미워하고 싶진 않습니다. 미우나 고우나 이건 제가 수십 년을 의지해서 살아가야 할 몸이니까요.

남을 해고시키고 복직할 순 없어요
산드라, 〈내일을 위한 시간〉

여러분은 어떤 시간 속에서 이 글을 읽고 있나요? 이 짧은 문장을 쓰는 데 시간이 참 오래 걸렸습니다. 그런 날이 있잖아요. 하고 싶은 말이 뒤죽박죽 머릿속을 채우는데, 정작 입 밖으로 나오는 건 한숨밖에 없는 날. 실은 제가 요즘 그런 나날을 보내고 있어요. 포털사이트에서 매일 같이 끔찍한 뉴스가 쏟아져 나오고 있거든요. 며칠 사이 일상적인 공간에서 괴한이 시민들을 향해 흉기를 휘두르는 사건이 잇달아 벌어졌어요. 거리에서 장갑차를 본 적도 벌써 두 번이나 됩니다. 한쪽에선 장마로 사람이 죽고, 다른 한쪽에선 더위로 사람이 죽고, 또 다른 한쪽에선 일하다가 사람이 죽고 있습니다. 분노와 두려움이 마음을 휩쓸고 지나가면, 어떤 단어 하나가 슬며시 고개를 들어요. '절망'이라는 단어가요. 이 단어를 마주하면 깊은 무력감이 듭니다. 이게 다 무슨 소용이 있을까. 글을 쓰는 것에, 생각을 나누는 것에, 울거나 화를 내는 것에 도대체 무슨 힘이 있을까. 가장 취약한 곳에서부터 세상이 천천히 무너져 가고 있다는 생각을, 요즘엔 도통 떨쳐 낼 수가 없습니다.

다 울었니? 그럼 이제 할 일을 하자

꺾이지 않는 마음이 필요할 때, 저는 영화 〈내일을 위한 시간〉을 봅니다. 어느 여성 노동자가 일자리를 되찾으려 분투하는 이틀간의 기록을 그린 영화예요. 주인공 산드라는 복직을 앞두고 청천벽력 같은 소식을 듣습니다. 동료들이 자신 대신 보너스를 택했다는 소식이죠. 전말은 이랬어요. 산드라가 다니는 회사 사장은 직원들에게 산드라가 복직하지 않으면 모든 직원에게 1,000유로씩 보너스를 주겠다고 제안했어요. 반장은 산드라가 복직하면 다른 직원이 해고될 수 있다고 경고했고요. 다행히 산드라를 지지하는 또 다른 직원의 도움으로 재투표가 결정돼요. 재투표까지 남은 시간은 단 이틀. 산드라는 그 안에 직원 18명 중 과반수를 설득해야 합니다. 보너스가 아닌 자신을 택하도록 말이에요. 산드라는 시작부터 주눅이 들었어요. 내겐 돈이 필요하다고, 그러니 일할 기회를 달라고 말해야 하는 처지가 참담하게 느껴졌겠지요. 거듭된 거절은 산드라의 자존감을 자꾸만 무너뜨립니다. 동료들 대부분은 형편이 좋지 않았어요. 누군가는 자식 대학 등록금 때문에 보너스가 필요하다고 했고, 또 다른 누군가는 남편과 이혼한 뒤 새출발을 하기 위해 필요하다고 했어요. 심지어는 보너스는 우리가 열심히 일한 대가라며 화를 내는 사람도 있었죠. 그때마다 산드라는 무너집니다. 자신이 잘못한 건 아무것도 없는데 죄인이 된 것만 같고, 상대를 괴롭히고 방해하는 존재가 된 듯한 기분이 들었을 거예요. 나는 이렇게 마음이 엉망인데, 잘될 거라며 용기를 부추기는 남편도 원망스러웠을 테고요. 결국 산드라는 폭발합니다. "매번 거지가 된 기분이고 돈 뜯으러 온 도둑 같아."라며 화를 내지요.

하지만 산드라는 포기하지 않았어요. 좌절하고 낙담해서 울고 난 뒤에도 어떻게든 자신을 일으켜 세웠어요. 그런 산드라를 보면서 저는 어떤 문장 하나를 떠올렸습니다. 아동 전문가 오은영 박사의 밈으로 유명하지만, 오은영 박사가 직접 말한 적은 없는 문장이요. 그건 바로 "다 울었니? 그럼 이제 할 일을 하자."라는 문장입니다. 해야 할 일을 하는 것만큼이나 지금의 감정에 충실해지는 것도 중요해요. 슬프고 화가 날 때, 자신의 마음을 모른 척하거나 꾹꾹 눌러 참지 않고 머리가 새하얘질 정도로 울어야 할 때도 있어요. 산드라도 그랬어요. 그렇게 복잡한 마음을 비워 내고, 다시 해야 할 일을 시작했죠. 머리를 하얗게 비우고 난 뒤에야 그는 발견했겠죠. 자신에겐 아무런 잘못이 없다는 사실을요. 잘못한 것은 정당하게 지급해야 할 보너스와 정당하게 복직시켜야 할 산드라 중 하나를 고르게 한 사장과 일자리를 빌미로 직원들을 압박한 반장이라는 사실도요. 산드라는 계속해서 동료들을 만나러 다닙니다. 그리고 몇몇은, 마치 기적처럼 산드라에게 힘을 줘요. 산드라를 위해 재투표를 요구한 줄리엣이 그랬고, 이웃을 돕는 게 신의 뜻이라던 알퐁스가 그랬어요. 날 찾아와줘서 고맙다고, 보너스를 택한 게 계속 마음에 걸렸다고 말하며 울던 티무르도 그랬고요. 산드라와 보너스를 놓고 저울질했던 동료들은 산드라를 직접 만난 후

에야 느껴요. 산드라는 돈으로 값을 매길 수 없는, 살아 있
는 사람이라는 사실을 말이지요.

그렇게 자신을 지지해 주는 사람들에게서 용기를 얻은 산
드라는, 다른 누군가에게 용기를 주기도 합니다. 의도한 것
은 아니지만요. 안느는 처음엔 산드라의 부탁을 거절해요.
집을 수리하느라 보너스가 필요하다고요. 남편과 상의해 보
겠다며 산드라를 돌려보낸 안느는, 다시 찾아온 산드라와
자신에게 윽박지르는 남편을 보면서 결단을 내려요. 그는

남편과 헤어지고 보너스 대신 산드라의 복직에 투표하기로 해요. 산드라의 끈질김이 안느에게도 용기를 준 모양입니다. 그는 "나를 위해 뭔가 결심한 건 처음"이라며 "날 찾아와 줘서 고마워."라고 말해요. 산드라는 그런 안느에게 하룻밤 잘 곳을 내어 줍니다. 그래요. 어쩌면 우리도 그렇게 살아가고 있겠죠. 서로 용기를 나누고 도움을 주고받으면서요.

매일 실패하더라도 우리는

그래서 모든 것을 포기하고 싶을 때는 포기하지 않는 사람들의 이야기를 찾습니다. 부족한 저의 용기를 조금이나마 채울 수 있을까 하는 마음에서요. 얼마 전, 성폭행 유죄 판결을 받았던 정치인의 기사를 읽었을 때도 그랬어요. 그는 자신의 수행 비서에게 성폭력을 저질러, 징역형을 선고받았습니다. 출소 후, 열린 민사재판에서 그는 피해자가 성폭력 범죄로 인해 입은 손해를 배상할 책임이 자신에겐 없다고 주장했어요. 피해자의 일상을 염려하다가, 문득 다른 미투 피해자들의 안부가 궁금해져 포털사이트에 검색해 봤습니다. 좋지 않은 소식이 대부분이었어요. 대만과 일본에서도 성폭력 피해 고백이 잇따른다는 소식, 영화계 미투 이

다 울었니,
이제 다시 뛰어 보자.

끝은 봐야지.

후 5년이 지났는데도 피해자는 여전히 침묵을 강요당한다는 소식, 50·60대 여성 노동자들이 미투 증언 대회를 열었다는 소식…….

그중 눈길을 끈 건 〈'스쿨미투' 손놓은 교육 당국, 버젓이 교단에 서 있는 가해자 137명〉이란 제목의 경향신문 기사였습니다. 2018년 용화여고 졸업생들이 고등학교 재학 당시 겪은 성폭력 피해를 고발하며 시작된 '스쿨미투', 여러분은 알고 있나요? 2018년 4월 졸업생이 중심이 된 '용화여고 성폭력 뿌리 뽑기 위원회'의 설문 조사에서 응답자 96명 중 41명이 성추행 및 성희롱을 당한 경험이 있다고 답했습니다. 이 내용이 언론에 보도되자 교육청은 용화여고 재학생을 대상으로 전수 조사를 진행했고, 그 결과 학생을 대상으로 한 성폭력에 연루된 교사 18명이 징계 처분을 받았어요. 하지만 이 가운데 법적 처벌을 받은 가해자는 단 한 명뿐이었다고 합니다. 다른 학교라고 사정이 달랐을까요? 시민 단체 '정치하는엄마들'이 서울시교육청으로부터 받아 낸 '2018~2020년 학교 성폭력 고발 건 처리 현황 및 집계 분석' 자료를 보면 미투 가해자로 보고된 교사 188명 중 아무런 처분도 받지 않은 교사가 82명이었습니다. 반면 해임과 파면을 당한 경우는 각각 14명과 7명에 그쳤고요. 앞서 언급한 기사 내용에 따르면 2018년 1월부터 2022년 9월까지 전국 초·중·고등학교에서 교사가 학생에게 저지른 성폭력 사건은 모두 542건으로 집계됐는데, 가해자로 지목된 교사 중 137명이 아직 교단에 서고 있다는군요.(2022년 10월 11일 기준) 그나마도 "교내 성폭력 사건 상당수가 교육청 통계에서 빠졌을 가능성이 크다."고 기사는 말하고 있습니다.

착잡한 심정이었어요. 스쿨미투가 힘을 잃은 과정을 이제야 접한 저 자신에게도 실망했고요. 하지만 실망을 절망으로 바꾸지 않으려면, 할 수 있는 일을 해야 했어요. 이 글을 쓰면서 스쿨미투 처리 현황 공개를 촉구하고 피해자에게 법률 지원을 제공하는 시민 단체에 아주 작게, 후원금을 냈습니다. 저 자신에게도, 여러분에게도 부끄럽지 않고 싶었거든요. 매일이 실패의 연속으로 보여도, 우리에겐 할 수 있는 일이, 해야 할 일이 남아 있을 겁니다. 울고 싶은 날이 하루도 빠지지 않고 이어지는 요즘이지만, 충분히 울고 난 후엔 할 일을 해야겠어요. 플라스틱 컵 대신 텀블러를 쓰고, 여성

혐오 범죄 가해자에게 엄벌을 촉구하는 탄원서를 쓰고, 노동자를 사지로 내모는 기업의 상품을 구매하지 않으면서 저만의 싸움을 이어가려고 합니다.

'나의 생존'이 아닌 '우리의 공생'을 위해

싸움을 포기하지 않는 것만큼이나 싸울 상대를 고르는 일도 중요합니다. 〈내일을 위한 시간〉에서 산드라가 싸워야 할 상대는 보너스를 택한 동료들이 아닙니다. '을'들의 싸움

을 부추기고 점잖은 척 숨어 버린 '갑', 바로 회사의 사장이에요. 복직은 산드라의 권리입니다. 그런데 사장은 산드라를 해고할 심산으로 직원들에게 보너스와 산드라 중 하나를 택하게 해요. 투표라는 민주적인 절차를 따르는 척하지만 실은 해고 결정을 직원들 손에 떠넘기고 자신은 책임을 회피하려는 겁니다. 직원들은 서로 불신하고 미워하게 됩니다. '저 녀석이 산드라에게 투표해서 내가 보너스를 못 받진 않을까?', '보너스를 택한 직원 때문에 산드라가 복직 못 하는 거 아냐?'라는 의심이 생겼을 거예요. 사장은 이렇게 직원들을 '갈라치기' 하며 직원들의 연대를 막습니다.

　이런 을들의 싸움은 현실에서도 벌어지고 있습니다. 매년 떠들썩하게 보도되는 최저 임금을 그 예로 들어 볼까요? 최저 임금은 직원에게 최소한 이 정도의 임금은 줘야 한다고 국가가 정한 금액이에요. 만약 여러분이 편의점 아르바이트생이라면 최저 임금이 오르길 바랄 거예요. 누구든, 적어도 생계를 꾸릴 수 있을 정도의 월급은 받아야 하니까요. 하지만 여러분이 편의점 사장님이라면 최저 임금 인상이 달갑지 않을 겁니다. 직원에게 줘야 할 임금이 높아지면 내 손에 남는 돈이 그만큼 줄 테니까요. 매년 정부가 최저 임금을 얼마나 올릴지 논의할 때마다 최저 임금을 받는 노동자와 이들을 고용한 영세 자영업자들은 볼멘소리를 냅니다. 그런데 을들의 싸움에만 집중하다 보면 스리슬쩍 숨어 버린 갑을 찾기가 어려워져요. 정해진 기준보다 훨씬 높게 월세를 올리는 건물주, 가까운 곳에 같은 계열사 매장을 여러 개 오픈해 경쟁을 부추기는 대기업, 인테리어를 바꾸라고 자주 요구하면서 비용은 나 몰라라 하는 프랜차이즈 기업 같은 존재들 말이에요.

저는 산드라에게서 희망을 봅니다. 영화 말미, 사장은 산드라를 불러 "직원들에게 보너스도 주고 당신도 복직시키겠다."라고 약속해요. 산드라의 복귀를 원하는 직원과 보너스를 원하는 직원이 똑같이 8명으로 나왔는데, 이래서는 회사 분위기가 영 좋지 않을 거라고 판단했을 테죠. 단, 사장은 조건을 겁니다. 지금 근무 중인 계약직과의 계약이 끝난 두 달 후에 복직하라고 하죠. 직원들에게 산드라의 복직과 보너스 중 하나를 택하게 했듯, 산드라에게 복직과 다른 직원의 계약 해지 중 하나를 택하게 한 거예요. 산드라는 제안을 거절합니다. 복직을 위해 애썼던 시간이 무색할 정도로, 단칼에요. "남을 해고시키고 복직할 순 없다."라는 게 거절의 이유였습니다. 회사를 나선 산드라는 남편에게 "우리 잘 싸웠지? 나 행복해."라고 말해요. 산드라는 싸움을 포기하지 않았을 뿐 아니라, 싸워야 할 상대를 피하지도 않았습니다. 자신의 자리를 찾기 위해 다른 사람을 끌어내리거나 짓밟지도 않았습니다. 그것은 노동자 연대를 지키는 길이자 약자들끼리의 싸움을 부추기는 갑에 대한 저항이기도 했지요. 산드라는 회사를 떠났지만, 그의 싸움은 실패하지 않았습니다. 누구와 어떻게 싸워야 할지를 우리에게 보여 줬으니까요.

얼마 전엔 영화 〈나의 올드 오크〉를 봤어요. 노동자의 삶을 자주 다뤄 '블루칼라의 시인'으로 불리는 켄 로치 감독의 작품입니다. 영화는 영국 폐광촌에 시리아 난민들이 이주한 후 벌어진 갈등을 다뤄요. 작품엔 이런 대사가 나옵니다. "삶이 힘들 때 우리는 희생자들을 찾아." 뜨끔했어요. 나보다 약한 사람들을 비난하면서 '나는 저들과 달라.'라고 자위하지 않았는지 돌아보게 되었거든요. 누군가를 짓밟음으로써 내가 더 위로 올라갈 수 있다고 믿지 않았는지 반성도 했습니다. 우리는 살면서 무수히 많은 경쟁을 하고, 때론 경쟁을 통해 성장하기도 합니다. 하지만 경쟁에 지나치게 몰두하다 보면 나보다 약한 사람을 희생자로 삼고 싶은 유혹에 빠지기 쉬워져요. 내가 이기기 위해선 남을 제쳐야 한다고 생각하기도 쉽습니다. 누군가 내 아래에 있다고 생각하면, 비겁하지만 안심이 될 때도 있으니까요. 그럴 때는 산드라를 떠올려 주세요. "남을 해고시키고 복직할 순 없다."던 그의 선택을요. 내가 살기 위해 남을 밀어내는 세상보다는 너와 내가 함께 사는 길을 모색하는 세상이 제게는 더 안전하고 행복하게 느껴집니다. '나의 생존'이 아니라 '우리의 공생'을 꿈꾸며, 저는 여러분과 함께 내일로 가고 싶습니다.

네 이야기를 들려줘

에이블린 클락 & 유지니아 스키터 펠런, 〈헬프〉

오늘은 조금 이상한 질문으로 이야기를 시작해야겠습니다. 이 책, 읽을 만한가요? 책을 읽는 데 들인 시간이 아깝지는 않나요? 서점에서 구매해 읽고 계신 분들은 책에 쓴 돈이 아깝지는 않은가요? 어느 일이든 그렇겠지만, 글을 쓰는 일에도 양면적인 감정이 따릅니다. 어떤 날은 제 안에만 쌓아 뒀던 생각을 드디어 끄집어낼 수 있다는 사실에 가슴이 뛰어요. 그런데 또 어떤 날은, 모자라고 유치한 글로 여러분을 시간 낭비하게 만드는 것 같아 초조해지기도 해요. 요즘의 저는 명백히 후자의 상태입니다. 학창 시절 서점에 꽂힌 책을 휘리릭 훑어보곤 친구와 "나무에게 미안해야 할 책."

이라며 키득댄 적이 적지 않은데, 할 수만 있다면 그날의 저를 찾아가 입을 틀어막고 싶어요. 인생은 한 치 앞도 모르는 것, 훗날 누군가 네 책을 보며 똑같은 말을 하리라! 지적 허영심이 최고조를 달리던 어린 시절의 제게 이렇게 호통을 치고만 싶습니다.

초라한 제 글 앞에 쪼그라들 때마다 저는 어디론가 도망을 치곤 해요. 그중 첫 번째는 싱어송라이터 이랑이 2018년 유튜브에 올린 〈잘 듣고 있어요〉라는 뮤직비디오입니다. "이게 어떤 쓰임이 있을지 의미가 있을지 모르는데……."라는 첫 소절부터 심장이 철렁하지요. 기사든 책이든 글을 쓸 때마다 제가 느끼는 감정이거든요. 이 곡을 굳이 음원이 아닌 뮤직비디오로 감상하는 이유는 아래에 달린 댓글들 때문입니다. 어떤 쓰임이 있을지 의미가 있을지 모르는 채 만든 노래가 사람들의 삶에 남긴 흔적을, 저는 댓글에서 뜯어보곤 해요. 두 번째 도피처는 다음 챕터에서 여러분과 함께 이야기할 영화 〈작은 아씨들〉입니다. 주인공 네 자매 중, 작가를 꿈꾸는 둘째 조는 가족 이야기를 소설로 쓰겠다고 다짐했으면서도 자신 없어 해요. "가족이 투덕대고, 웃고 하는 이야기를 누가 읽겠어? 중요할 것도 없는 얘기잖아." 이렇게 자조하는 조에게 막냇동생 에이미가 대답해요. "그런 글들을 안 쓰니까 안 중요해 보이는 거지. 계속 써야 더 중요해지는 거야." 주식으로 떼돈 버는 법을 알려 주겠다거나 생성형 인공지능을 완전 정복시켜 주겠다는 책들 사이에서 제 글이 허약하고 보잘것없이 느껴질 때면, 에이미의 말을 저에게 들려주곤 해요. 계속 써야 중요해지는 이야기가 있다고. 이 이야기가 그중 하나인지는 일단 쓰고 나서야 알 수 있다고 말이에요.

듣는 작가와 말하는 작가

세 번째 피난처이자 마지막 도피처는 2011년 개봉한 영화 〈헬프〉입니다. 이야기는 1960년대 미국 미시시피주의 작은 마을, 잭슨에서 시작해요. 배경 설명을 먼저 해야겠군요. 당시는 미국 곳곳에서 흑인 민권 운동이 성과를 보이던 때였어요. 마틴 루터 킹 주니어가 "나는 꿈이 있습니다."로 시작하는 연설을 한 것도 이즈음이었죠. 그러나 남부 지역은 사정이 달랐어요. 농업 중심 지역이었던 남부는, 수많은 흑인 노예의 노동력을 착취하던 곳이었거든요. 노예제 폐지 후,

흑인 여성들은 백인 가정에 가정부로 고용됐습니다. 말이 좋아 고용이지 실은 흑인 가정부를 노예로 보는 시선이 여전히 팽배했어요. 업무는 고됐고, 급여는 짧습니다. 흑인 가정부에게 화장실을 따로 쓰게 하는 가정도 적지 않았어요. 병균이 옮을 수 있다는 이유에서였죠. 뉴욕에서 대학을 다니다가 고향으로 돌아온 스키터는 이런 광경이 불편했어요. 자신을 키워 준 가정부이자, 보모 콘스탄틴이 갑자기 사라진 것도 내내 찝찝하고요. 부모님은 콘스탄틴이 일을 그만두고 이사했다고 설명하지만 아무리 생각해도 거짓말 같았어요. 어느 날 스키터는 자신을 도와주던 에이블린이, 고용주로부터 부당한 대우를 받는 것을 목격합니다. 그리고 뉴욕에서 알고 지내던 출판사 사장에게 전화를 걸어 한 가지 제안을 합니다. 백인 집안에서 살림하고, 백인 아이들을 돌보는 흑인 가정부의 이야기를 책으로 써 보겠다고요.

〈헬프〉에는 두 명의 작가가 등장합니다. 스키터와 에이블린이죠. 둘은 정반대의 세계에 삽니다. 스키터는 부유한 백인 가정에서 나고 자랐어요. 에이블린은 14세 때부터 보모이자 가정부로 일하며 생계를 꾸렸고요. 둘의 작업은 시작부터 난관에 부딪혀요. 법 때문에요. 당시 미시시피주 유색인 행동 강령은 "백인과 흑인의 사회적 평등과 대중의 수용을 강조하는 글을 인쇄 출판 배포하는 자는 징역에 처한다."고 명시했어요. 그러니까 스키터가 쓰려는 책은 불법이었던 거예요. 에이블린은 두려움에 떱니다. 백인 가정을 비판하는 책에 참여했다가 자신의 집이 불탈지도 모른다고 걱정해요. 어두운 시절이었습니다. 흑인은 언제 어디서든 목숨을 잃을 수 있는 시절. 누가 집에 불을 질러도 이상하지 않고, 누구든 혐오 범죄의 표적이 될 수 있는 시절. 하지만 에이블린은 스키터의 인터뷰 제안을 받아들입니다. 에이블린은 말하는 작가예요. 스키터는 듣는 작가고요. 둘이서 시작한 작업은 시간이 갈수록 거대해집니다. 에이블린에서 친구 미니로, 그다음엔 마을의 거의 모든 흑인 가정부로 용기가 번져 갔어요. 영화 제목인 〈헬프〉는 이렇게 탄생한 실제 책의 제목이기도 합니다. 우리말로는 '일꾼'(the help)이라는 뜻이죠.

작가로서 둘 중 저와 닮은 사람을 굳이 고르자면 스키터일 겁니다. 저는 스키터만큼 부유한 가정에서 자라진 않았지만, 가난을 경험하지도 않았어요. 피부 색깔은 대다수 한

국인과 비슷하고 한국어를 제1 언어로 쓰죠. 이성애자고, 시스젠더(타고난 성과 성 정체성이 일치하는 사람)이며 비장애인이에요. 요컨대 한국 사회에서 주류로 분류되는 사람입니다. 그래서 저는 모르는 게 많아요. 나와 다른 피부색을 가진 사람들에게 배척받는 삶을 모릅니다. 성 정체성 때문에 고민하거나, 그러다가 나를 미워하게 되는 삶도 몰라요. 휠체어를 타고서 지하철을 갈아타려면 승강기를 찾는 데만 수십 분 걸린다는 사실도, 비수도권 지역에선 최저 시급을 겨우 맞춘 일자리를 찾기조차 힘들다는 사실도 몰랐어요. 그래서 많이 듣고 싶었습니다. 제가 모르는 이야기를 자꾸만 찾고 싶었어요. 10·29 참사 이후 일터를 잃은 드래그 아티스트의 이야기를, 비극을 견디며 삶을 재건하는 이태원 상인들의 이야기를, 공연장에 휠체어 좌석이 부족해 관람을 포기해야 했던 케이팝 팬의 이야기를, 케이팝 공연에 수어 통역을 제공해야 한다고 끈질기게 기획사를 설득한 '농인 아미(ARMY·방탄소년단 팬)'의 이야기를……. 일상은 모두에게 공평하지 않습니다. 내가 당연하게 여기는 것들을, 누군가는 누리지 못하고 있어요. 그래서 사람들은 투쟁합니다. 차별과 불합리를 개선해야 한다면서요. 그들의 삶을 이해하려면 우리는 계속 들어야 합니다. 기울어진 저울에서 추를 옮기는 일, 더 나은 사회를 상상하고 실현하는 일은 듣는 것에서부터 출발할 테니까요.

다른 사람의 눈으로 세상 보기

자신의 이야기를 꺼내기 위해, 에이블린이 내야 했던 용기도 상상해 봅니다. 에이블린이 사는 잭슨 마을은 작고, 폐쇄적인 지역이었어요. 책을 읽는다면 어느 흑인 가정부가, 어느 백인 가정에 대해 말했는지 금방 알 수 있을 만큼 말이에요. 인터뷰에 참여한 사실이 알려지면 직장을 잃고, 어디에도 취직할 수 없었을 거예요. 에이블린의 사촌 샤넬은 투표소에 갔다는 이유로 누군가가 지른 불에 차가 불타는 피해를 입었어요. 비슷한 시기 흑인 민권운동가 메드가 에버스는 총에 맞아 숨을 거뒀고요. 단지 거리에서 백인 여성과 얘기를 나눴을 뿐인데도, 수상하다는 듯 자신을 흘끔대는 시선이 곳곳에 널렸죠. 책이 반향을 일으켜 자신을 지옥에서 꺼내 주길 기대하기엔, 희망은 멀고 막연했습니다. 반면 공포는 가깝고 구체적이었죠. 에이블린은 어떻게 용기를 낼 수 있었을까요? 친구 미니 때문이었습니다. 미니는 토네

이도가 들이닥친 날, 실외 유색인 전용 화장실을 쓰라고 강요한 고용주에 맞섰다가 순식간에 일자리를 잃었어요. 그런 미니를 남편은 마구 때렸죠. 집 밖에서도, 집 안에서도 미니는 안전하지 못했어요. 그러니 용기를 내야만 했습니다. 아무도 말하지 않으면 누구도 알지 못하니까. 가만히 있으면 없는 일이 되니까. 침묵으로는 피해자를 지키지 못하니까. 그렇게 에이블린은 아무도 쓰지 않아 누구도 중요하지 않게 여겼던 이야기, 모두가 무시했기에 모두를 불편하게 만들 이야기, 그러나 하지 않으면 안 될 이야기를 밖으로 꺼내기로 합니다. 스키터의 용기는 잭슨 전체로 퍼져요. 겪은 일은 많은데 말하지는 못했던 잭슨의 흑인 가정부들은 스키터를 찾아와 자기 이야기를 털어놓기 시작합니다.

앞서 언급했던 노래 〈잘 듣고 있어요〉를 쓴 가수 이랑을 인터뷰한 적이 있어요. 그는 소속사 없이 활동하는 인디 뮤지션인데요. 2016년 발매한 2집 앨범 타이틀곡 〈신의 노래〉로 음악 시상식에서 상을 받은 뒤, 즉석에서 트로피를 경매에 부쳐 화제를 모은 인물입니다. '열정 페이'를 강조하는 예술계 관행으로 인한 경제적 어려움을 토로한 것이지요. 그는 〈신의 노래〉를 발표한 후 많이 놀랐다고 해요. 여성 단체를 비롯한 여러 인권 단체가 '시위에서 〈신의 놀이〉를 틀어도 되겠느냐.'라고 물어 왔기 때문이에요. "방구석에서 홀로 울며 만든 노래를 사람들이 광장에서 듣고 싶어 한다는 게 내겐 놀라운 경험이었다."라고 그는 말했어요. 이런 경험으로부터 "연대하면 살아갈 힘이 생긴다."라는 진실을 새삼스레 깨달았고, 3집 앨범 〈늑대가 나타났다〉의 절반은 자신이 아닌 다른 사람들, 그러니까 "이미 너무 많이 다쳐서 마음이 닫힌 사람들, 목소리를 낼 힘조차 없는 사람들을 상상"하며 썼다고 해요. 이게 어떤 쓰임이 있을지 의미가 있을지 모르겠다는 고민 속에서도 그는 끝내 〈잘 듣고 있어요〉란 노래를 완성한 거죠. 앞서 이야기한, "힘든 순간 이 노래로 위로 받았다."는 댓글이 줄을 지었던 그 노래요. 별로 중요할 것도 없다고 생각한, "가족이 투덕대고 웃고 하는 이야기"가 명작 『작은 아씨들』인 거고요. 그러니 이 글의 쓸모를 고민하는 지금도, 다 과정일 겁니다. 제가 이랑이나 조처럼 위대한 글을 쓸 수 있을 거란 얘기는 아니에요. 다만 내가 무슨 이야기를 쓸 수 있을지, 무슨 이야기를 써야만 하는지, 내게 필요한 이야기는 무엇인지 찾아가는 과정 자체가 저 아닌 다른 사람의 눈으로 세상을 바라보게 한다는 것만은 확신해요. 가능하다면, 이 글이 여러분께도 그런 시간을 만들어 줄 수 있으면 좋겠습니다.

내리는 비를 막아 줄 수는 없지만,
함께 맞을게요.

네 이야기를 들려줘, 아주 작고 사소한 것이라도

이야기엔 놀라운 힘이 있습니다. 이야기를 듣거나 읽으며 몰랐던 세계를 알게 되기도 하지만, 이야기를 쓰면서 자기 내면을 또렷하게 들여다볼 수도 있거든요. 저는 〈헬프〉를 꽤 여러 번 봤는데요. 이 글을 쓰기 위해 다시 한번 영화를 보면서 새롭게 눈에 들어온 대사가 있었어요. 그 대사는 에이블린이 스키터에게 흑인 가정부로서의 삶을 처음 말하는 장면에서 나옵니다. 에이블린은 자신이 처음 돌본 백인 아기, 알톤 캐링턴 스피어스에 대해 적어 둔 글을 읽은 후 이렇게 말해요. "그 아이를 예뻐했죠. 아이도 절 따랐고요. 내가 아이들에게 자부심을 줄 수 있단 걸 알았어요." 에이블린이 자신의 일에서 의미를 찾아서 좋았어요. 에이블린이 자신의 이야기를 세상에 꺼냈기에 가능했을 거예요. 여러분도 가끔 일기나 편지를 쓰나요? 쓰다 보면 어떤가요? 하나의 사건으로부터 여러 가지 생각이 꼬리에 꼬리를 물 듯 이어지지 않던가요? 내가 얼마나 화가 나는지 글로 쓰다 보니 '별것 아닌 일로 화를 냈구나.'라고 느낀 적이나 너무 슬픈 일을 일기에 털어놓으며 눈물 흘린 경험이 있진 않나요? 우리는 글을 쓰면서 내가 왜 이런 감정을 느끼는지, 내가 바라는 것은 무엇인지를 구체적으로 느낄 수 있습니다. 저는 종종 상상해요. 잭슨 마을 흑인 가정부들이 자신의 이야기를 스키터에게 털어놓았을 때, 무엇을 느꼈을지를요. 그들은 흑인 가정부를 백인 가정의 소유물로 보는 시선이 인종차별임을 직시했을 거예요. 인간이자 노동자로서 자신들이 누려야 할 권리가 무엇인지 알았을 겁니다. 일자리를 잃을 수 없어 애써 억눌렀던 분노를 표현할 용기도 얻었을 거고요. 이야기의 힘이란 그런 겁니다. 흩어져 있던 감정과 생각들을 선명하

게 드러내는 힘. 거창한 이야기가 아니어도 좋아요. 아주 일
상적이고 너무 사소해서 문자로 기록하거나 입 밖으로 꺼내
기 민망한 이야기라도, 그것이 여러분 자신에게 주는 힘이
있으리라고 저는 믿어요. 그러니 여러분의 이야기를 들려주
세요. 그게 무엇이든지 말이에요. 그리고 서로의 이야기를
더 많이 들어 주었으면 좋겠어요. 우리는 그렇게 서로를 더
깊게 이해하며 자신의 세계를 넓힐 수 있을 거예요.

'누칼협' 대신 '호프펑크'

베스, 〈작은 아씨들〉

'누칼협'이란 단어를 처음 본 것은 2022년 가을 기사 댓글에서였습니다. 낮은 임금에 지친 청년 공무원들이 거리로 나왔다는 기사였어요. 누군가 이런 댓글을 남겼더군요. "누칼협. 그냥 관둬라." 누칼협? 뜻을 알 수 없어 검색해 보니 "누가 칼 들고 협박했냐?"를 줄인 말이더라고요. 아이 돌볼 사람이 없어 고민이라는 맞벌이 부부의 사연에서, 악성 댓글 때문에 괴로움을 호소하는 아이돌 가수에게, 심지어는 핼러윈을 앞두고 서울 한복판에서 압사 사고가 나 150여 명이 목숨을 잃었을 때도 사람들은 말했어요. "누칼협?", "누가 애 낳으라고 칼 들고 협박함?", "누가 아이돌 되라고 칼 들고 협박함?", "누가 이태원 가라고 칼 들고 협박함?" 이 신조어가 가장 많이 쓰인 날이 언제인지 아시나요? 2022년 10월 30일, 10·29 참사 바로 다음 날이었다고 합니다.

참담했어요. 누가 칼 들고 협박했느냐는 질문 앞에서 공공기관의 무능이 흐려지는 것 같았어요. 마녀사냥의 해로움이나 긴 노동 시간의 문제도 가려지는 것 같았고요. 누군가는 '누칼협'이 한국의 시대정신을 나타낸다고 하더군요. 이번에도 참담했지만, 수긍할 수밖에 없었습니다. "네 고통은, 네 선택의 결과다. 그러니 책임도 너의 몫이다. 죽거나 사는 것은 오직 네 능력만으로 해결해라." 한국 사회는 매일 제게 이렇게 말하는 것 같았어요. 그러고 보니 제가 사회 초년생일 때는 '노오력'이란 단어가 유행이었습니다. 엄청난 노력을 뜻하는 말이었어요. 최저 시급을 겨우 넘긴 월급에 휴일근무수당도 받지 못하고 일하던 저는, 이 모든 게 저의 '노오력'이 부족해서인 줄로만 알았습니다. 더 좋은 대학교를 졸업하지 못해서, 더 높은 학점을 받지 못해서, 더 뛰어난 '스펙'이 없어서……. 최저 시급이 너무 낮다거나 회사가 법을 어겼다는 생각은 꿈에도 못 했어요. '누칼협', '노오력', '꼬이

직'(아니꼬우면 이직하든가), '알빠노'(내가 알 바 아니다), '악깡버'(악으로 깡으로 버텨라)……. 이런 단어를 볼 때마다 세상이 정글처럼 느껴집니다. 모든 것이 경쟁이고, 경쟁에서 이기는 유일한 방법은 각자도생인 곳. 2020년대 한국은 제게 그렇게 느껴져 두렵습니다.

우리들의 너그러운 영웅

2019년 개봉한 영화 〈작은 아씨들〉은 루이자 메이 올컷의 소설을 그레타 거윅 감독이 현대적으로 재해석한 작품입니다. 1860년대 미국 남북전쟁을 배경으로, 마치 집안 네 자매의 우정과 성장을 다룬 이야기예요. 제목에서 알 수 있듯이 네 자매 모두가 주인공이에요. 그중 올컷이 자신을 투영했다고 알려진 둘째 조가 단연 돋보여요. 저 역시 어린 시절 소설 『작은 아씨들』을 읽으면서 조에게 과몰입하곤 했습니다. 얌전하지 못하다며 자주 야단맞던 여자아이에게, 씩씩하고 당당한 조는 완벽한 롤 모델이었으니까요. 하지만 오늘 여러분께 소개해 드릴 주인공은 셋째 베스입니다. 겁이 많고 소심해서 쉽게 마음의 문을 열진 않았지만, 누구에게나 착하고 상냥했던 인물. 서로에게 '누칼협'을 묻는 요즘, 베스야말로 우리에게 필요한 영웅이라고 생각하거든요.

베스는 어디서나 주목받는 인물은 아니었어요. 다른 자매들이 워낙 개성 강했거든요. 첫째 메그는 아름다운 외모를 가졌어요. 상류사회를 동경했지만, 진실한 사랑의 가치를 아는 인물이었죠. 조는 글을 사랑하는 작가입니다. 여성의 사회활동이 사실상 불가능했던 시대에도 자기 힘으로 이름을 떨치려 한 선구자예요. 그림을 좋아하는 막내 에이미는 돈 많은 남자와 결혼해야 한다는 목표를 가졌어요. 에이미가 속물이기 때문이 아닙니다. 당시엔 여성이 돈을 벌기 어려웠어요. 막대한 재산을 물려받거나 부자와 결혼하지 않으면 가난을 면할 수 없었지요. 베스는 메그처럼 사교계를 선망하지도, 조처럼 꿈이 크지도 않았습니다. 에이미처럼 경제적인 문제로 고민하지도 않았고요. 베스는 그저 조용히 자기 할 일을 할 뿐이었어요. 수줍음이 많아 가족 외의 사람들과 자주 어울리진 않았지만, 이웃에 사는 괴팍한 노인 로렌스 아저씨와는 친하게 지냈어요. 베스는 음악을 좋아하고, 피아노를 즐겨 쳤어요. 마침 로렌스 아저씨 집에는 근사한 그랜드 피아노가 있었습니다. 먼저 세상을 떠난, 로렌스 아저씨와는 사이가 좋지 않던 딸이 치던 것이었어요. 베스는 종종 로렌스 아저씨 집으로 가 피아노를 치곤 했어요. 그 선율은 생전 딸과 화해하지 못했던 로렌스 아저씨의 상처를 위로했어요. 자기만의 세계에 고립됐던 로렌스 아저씨는 베스 덕분에 다시 다른 사람과 마음을 나눌 수 있게 됐어요. 베스네 가족과 사이가 돈독해지고, 데면데면하던 손자와도 가까워졌어요.

영화와 원작 소설 속의 베스는 자매들 중 가장 착했어요. 다른 사람을 돕는 데 인색하지 않았죠. 베스네 집에서 조금 떨어진 곳엔 아이 다섯 명을 혼자 키우는 험멜이 살았습니다. 가난한 가족이었어요. 돈이 없어서 끼니를 거를 정도였지요. 네 자매의 어머니는, 험멜 가족의 사정을 알고, 크리스마스 아침 식사를 그들에게 양보해요. 그 뒤로도 베스네 가족은 험멜네 가족을 자주 도왔어요. 어머니가 부상당한 아버지를 간호하려 전쟁터로 떠난 뒤에는 베스가 험멜 가족을 돌봤어요. 먹을 것을 나눠 주고, 아픈 아이를 보살펴 주기도 했죠. 비극은 이때 시작됩니다. 성홍열에 걸린 아이를 간호하다가 베스에게도 병이 옮은 거예요. 베스는 심하게 앓습니다. 병이 낫긴 했지만, 그 뒤로 몸은 허약해졌고 자주 아팠어요. 그사이 메그는 결혼했고, 조는 뉴욕으로 떠났고, 에이미는 고모와 유럽을 여행했죠. 결국 모두가 사랑했던 베스는 어린 나이에 숨을 거둡니다.

'역시 착한 사람은 손해를 보는군.'이라고 생각하는 분들도 있겠죠? 저도 한때는 그랬으니까요. 하지만 저는 베스의 선행이 희망을 남겼다고 생각해요. 추위와 배고픔에 시달리

아름다운 메그

작가를 꿈꾸는 똑똑한 조

야심가 에이미

나는 뛰어난 게 없는데……

내가 가장 좋아하는 주인공은,
언제나 따뜻한 베스 너였어.

던 험멜 가족이 삶을 이어갈 수 있었던 건 베스 덕택이었어요. 딸이 죽은 후 죄책감에 시달리던 로렌스 아저씨는 베스의 피아노 연주에 위로를 얻었고요. 제가 사랑한 조에게도 베스의 유산은 남아 있었어요. 잘 팔리지만 자랑스럽지 못한 글과 자랑스러우나 팔리지는 않는 글 사이에서 갈팡질팡하던 조에게 베스는 말합니다. "날 위해 써 줘. 언니는 작가잖아. 누가 알아주기 전에도 작가였어." 베스의 이 말은 방황하던 조를 일으켜 세웠어요. 자신이 어떤 글을 쓰고자 하는지, 무슨 일을 하고 싶은지 보여 줬어요. 다시 말해 베스는 사람들에게 씨앗을 심은 것이지요. 험멜 가족에겐 온정의 씨앗을, 로렌스 아저씨에겐 위로의 씨앗을, 조에겐 꿈의 씨앗을요. 베스가 주변 사람들에게 심은 씨앗은 제게도 어떤 사실 하나를 가르쳐 줬어요. 베스가 그랬듯, 우리도 타인에게 어떤 방식으로든 무엇인가를 남길 수 있다는 사실을요. 아주 사소한 것이라도 좋아요. 가족 문제로 힘들어하는 친구를 달래 주는 일이나 진로 때문에 고민하는 친구의 이야기를 들어 주는 것만으로도, 우리는 그들에게 위로와 용기를 남길 수 있습니다. 저는 타인을 위한 크고 작은 몸짓에서 희망이 태어난다고 생각해요. 그것들이 모여서 더 나은 미래를 상상할 수 있게 만드니까요.

"다 잘 될 거야." 대신 "더 나아질 수 있어."

희망. 입술을 달싹여 이 단어를 발음해 봤어요. 괜히 부끄러운 기분이 들더라고요. 세상을 잘 모르는, '머리가 꽃밭'인 사람이 된 것 같기도 해요. 어렸을 때는 희망을 해피 엔딩이라고 생각했어요. 어릴 적 동화에서 보았던 모두 오래오래 행복하게 살았다는 결말 말이에요. 왜, 어른들이 그런 말 많이 하잖아요. "명문대에 가면 인생이 잘 풀릴 거야."라거나 "대기업에 취직하면 행복할 거야."라는 말. 남들이 얘기하는 '좋은 대학'과 '좋은 회사'에 가면 내 인생에 탄탄대로가 놓일 줄 알았어요. 그런데 희망은 그런 게 아니더군요. 혹시 영화 〈겨울왕국2〉를 보셨나요? 영화에서 안나는 자신이 사는 아렌델 왕국을 구하러 여행을 떠났다가 위기에 처해요. 언니 엘사는 어디론가 사라져 생사를 알 수 없고, 눈사람 올라프는 눈꽃이 되어 공중으로 흩어지지요. 안나는 출구가 보이지 않는 동굴에서 홀로 노래합니다. "이런 어둠은 처음이야. 너무 춥고 공허하고 두려워." 하지만 그는 절망에 빠지지 않아요. 앞날을 낙관할 수 있는 게 아무것도 없는데도 "뭐든

121

해야만 해."라며 다시 일어서요. 저는 이 장면을 보면서 희망을 다시 정의했어요. 희망은 걱정과 근심이 모두 사라지고 행복만 남은 상태를 말하는 게 아니었어요. 그보다는 걱정과 근심이 사라지지 않더라도 포기하지 않는 자세가 희망이 아닐까 생각합니다.

베스의 친절과 안나의 낙관을 합친 단어가 있어요. '호프펑크'입니다. 낯선 단어죠? 호프펑크는 드라마나 영화, 소설 등의 한 갈래인데요. 쉽게 말해 우리가 서로를 도우면 더 나은 세상을 만들 수 있다고 믿는 장르입니다. 호프펑크는 해피 엔딩을 약속하는 동화와는 달라요. 세상에는 폭력과 차별이 만연하고, 이것을 없애지 못할 수도 있다고 말해요. '호프'(Hope · 희망)라더니, 좀 이상하죠? 쉽게 말해 호프펑크는 "다 잘될 거야."가 아니라 "더 나아질 수 있어."라고 말하는 장르예요. 친절과 연민, 연대를 통해서 말이죠. 호프펑크는 거창한 일을 강요하지 않아요. 우리 속담에 나오듯 콩알한 조각이라도 나누어 먹는 것이 호프펑크의 자세입니다. 콩알 한쪽을 나눠 먹는다고 이 세상의 모든 기근이 사라지진 않을 거예요. 그러나 적어도 단 한 명이라도 배고파하는 사람을 도울 수는 있겠죠. 콩알 한쪽을 나누어 받은 데서 힘을 얻어 다른 일을 시작할 수도 있겠고요. 중요한 것은 타인을 향한, 그리고 더 나은 세상을 향한 꺾이지 않는 마음입니다. '각자도생', '무한이기주의', '나만 아니면 돼.' 같은 말이 흔해진 요즘, 호프펑크의 정신이야말로 우리에게 필요한 가치입니다. 혼자서 살아남을 수 있는 사람은 거의 없어요. 비관과 냉소로는 아무 일도 이룰 수 없고요. 우리가 서로를 돌보며 희망을 붙들 때, 세상은 더욱 살만 해질 것이라고 믿습니다.

누구도 소외되지 않는 세상을 꿈꾸며

혼자 다섯 아이를 키우느라 늘 가난한 험멜 부인에게, 우리는 "누가 애 낳으라고 칼 들고 협박했냐?"라고 물을 수도, 내가 가진 빵을 나누어 줄 수도 있습니다. 더 나아가 한부모 가정에 대한 경제적인 지원을 요구하거나, 사회가 양육 부담을 나눠야 한다고 주장할 수도 있겠지요. 아이 돌볼 사람이 없어 고민이라는 맞벌이 부부, 악성 댓글 때문에 괴로움을 호소하는 아이돌 가수, 핼러윈을 앞두고 서울 한복판에서 압사 사고가 나 가족과 친구를 잃은 사람들에게도 마찬가지입니다. '누칼협'이라고 비아냥댈 수도, 혹은 그들이 겪는 어려움에 공감하며 연대할 방법을 고민할 수도 있을 거예요. 우리는 최후의 승자가 모든 영광을 홀로 차지하는 세상에 살 수도 있지만, 누구도 소외되지 않는 세상을 만들 수도 있어요.

고백하자면 저는 꽤 오랫동안 비관적인 말을 달고 살았어요. "온 세상이 망했으면 좋겠어." 같은 과격한 발언도 서슴지 않았죠. 정말로 모두가 망하는 결말을 바라서 한 말은 아니었어요. 가장 취약한 사람부터 낙오되는 생존 경쟁이 너무 버겁고 무서워서 했던 말이었습니다. 저는 이제 다르게 말하려고 해요. "온 세상이 망했으면 좋겠어."가 아니라 "누구도 낙오되거나 소외되지 않아야 해."라고요. 다시 말하지만, 비관과 냉소로는 아무 일도 이룰 수 없습니다. 그러니 내가 어떤 세상에서 살고 싶은지 구체적으로 그려 보고, 그 세상에 도달할 수 있다는 믿음을 지키며 할 수 있는 일을 해야겠어요. 때로는 동굴 속에서 헤매듯 막막한 기분이 들지도 몰라요. 하지만 그렇다고 출구 찾기를 포기할 수는 없습니다. 옷이 흙으로 더러워지고 돌부리에 걸려 넘어지더라도, 우리는 빛이 있다고 믿는 곳을 향해 나아가야겠지요. 다친 사람이 있으면 함께 돌보고, 내가 아플 때는 다른 이의 어깨에 기대기도 하면서요. 여러분은 어떤 세상에 살고 싶나요? 그 세상을 만들기 위해 우리는 무엇을 할 수 있을까요? 한번 생각해 보면 좋겠습니다.

사이다를 좋아하세요?

이선, 〈우리들〉

탄산음료를 좋아하시나요? 저는 아주 많이 좋아해요. 달콤한 맛과 톡 쏘는 청량감이, 언제 먹어도 질리지 않습니다. 한때는 "단 음료를 많이 마시면 당뇨병에 걸리기 쉽다."는 말에 바들바들 떨기도 했습니다. 요즘은 온갖 탄산음료가 제로(0) 칼로리로 출시돼 마음 놓고 탄산의 축복을 맛보고 있어요. 속이 더부룩할 때 한 잔, 매운 음식을 먹고 나서 또 한 잔, 늦은 밤 커피 대신 한 잔 더, 입이 심심할 때도 역시나 한 잔……. 저는 그렇게 탄산음료에 중독됐습니다.

요즘은 TV와 극장에도 온통 탄산음료 같은 이야기뿐입

니다. 일명 '사이다 서사'라고 할까요? 두 번이나 천만 관객을 들인 영화 〈범죄도시〉 시리즈를 생각해 보세요. 끔찍한 범죄를 저질러 놓고도 눈 하나 깜짝 않는 이들이 법보다 주먹의 심판을 먼저 받는 장면을 보면, 마치 탄산음료를 마신 것처럼 속이 뻥 뚫린 것 같은 기분이 들지 않나요? 법망 바깥의 범죄자들을 혼쭐내는 드라마 〈모범택시〉 시리즈, 학교 폭력 가해자들을 응징하는 드라마 〈더 글로리〉, 문자 메시지로 투표를 받아 범죄자의 사형 여부를 가린다는 드라마 〈국민사형투표〉······. 머리로는 복수에도 윤리가 필요하다고 생각하면서도 가슴으론 사이다를 찾는 날이 얼마나 많았는지 몰라요. 버스에서 새치기를 당하거나 지하철 옆자리 승객이 다리를 쩍 벌리고 앉을 때, 평판이 좋지 않은 옛 직장 동료가 회사에서 승승장구한다는 소식을 들었을 때, 불량 학생이었던 중학교 동창이 '인생 세탁'해서 잘 먹고 잘산다더라는 소문을 접했을 때······. 일상에서 사소한 불편함을 겪거나 가슴 답답한 이야기를 들을 때면, 저는 탄산음료를 마시듯 사이다 서사의 세계에 빠져들었습니다. 잘못을 저지른 사람이 초라하고, 피폐하고, 비참해지는 꼴을 두 눈으로 확인해야만 정의 구현이 이뤄진다고 믿으면서요.

　어느새 저는 탄산음료에 중독됐듯, 사이다 서사에도 중독된 모양입니다. 불친절한 식당에서 불쾌한 식사를 마친 어느 날이었어요. 분풀이하려고 지도 애플리케이션을 열어, 해당 식당에 별점 1점과 혹평을 남겼어요. 그러다 '나는 뭘 원하는 걸까?'라는 생각이 들었어요. 다른 사람이 제가 겪었던 불친절을 피했으면 했던 게 아니었어요. 그저 제가 남긴 별점과 후기를 보고, 그 식당의 주인도 저처럼 기분이 나빠지길 바랐을 뿐이었습니다. 그때는 그게 사이다인 줄 알

앉거든요. 갑자기 몹시 부끄러워졌습니다. 영화 〈우리들〉의
마지막 장면이 떠올랐기 때문이에요.

매일 싸우면 우리는 언제 놀아

〈우리들〉은 11세 소녀들의 우정과 갈등을 그린 영화입니
다. 주인공 이선은 학교에서 외톨이예요. 반에서 인기가 많
은 보라가 선이를 따돌리거든요. 피구 경기에서 아무도 자
신과 같은 팀을 하려고 하지 않을 때, 경기에서 억울하게 퇴
장당하는데도 누구도 편들어 주지 않을 때, 생일 파티에 혼
자 초대받지 못했을 때, 웬일로 자신에게도 초대장을 주나
했더니 약속 장소에 아무도 나타나지 않을 때. 그때마다 선
이는 머쓱한 표정으로 외로움과 창피함을 숨기곤 했죠. 이
런 선이 앞에 지아가 나타납니다. 지아는 선이네 반에 전학
올 학생인데, 방학식 날 선생님을 만나러 학교에 왔다가 선
이와 마주쳐요. 두 아이는 여름 방학 내내 붙어 다니며 빠르
게 친해집니다. 선이는 직접 만든 팔찌를 지아에게 선물하
고, 지아는 용돈을 털어 선이와 트램펄린을 타러 가요. 선이
는 지아의 손톱에 봉숭아 물을 들여 주고, 지아는 선이를 무
시한 문구점에서 선이가 갖고 싶어 한 비싼 색연필을 대신

훔치죠. 깨지지 않을 것 같았던 둘의 우정은 방학과 함께 끝이 납니다. 개학 날의 일이에요. 선이는 학교에서 만난 지아에게 반갑게 웃어 보이지만 지아는 선이를 모른 척하고, 보라 무리와 어울리기 시작해요. 선이는 다시 외톨이가 됩니다. 혼자 지내는 시간은 이전보다 괴로워졌어요. 지아 때문에요. 지아는 선이가 남몰래 들려줬던 비밀을 다른 아이들 앞에서 들춰냈거든요.

둘의 관계는 우연히 역전됩니다. 선이는 엄마 손에 이끌려 간 학원에서, 울고 있는 보라를 봐요. 약점을 들켰다고 생각해서일까요? 보라는 태도를 바꿔 선이와 가깝게 지냅니다. 대신 선이와 사이가 나쁜 지아를 따돌리기 시작하죠. 이번엔 지아의 비밀이 까발려집니다. 한때 둘도 없는 단짝이었던 선이와 지아는, 몸싸움을 벌일 만큼 관계가 틀어져요. 지아와 크게 싸운 후 어느 날, 선이는 동생 윤이의 얼굴에서 멍 자국을 봅니다. 윤이의 친구, 연호가 낸 상처였어요. 연호가 윤이를 때리고, 윤이가 다시 연호를 때리고, 연호가 또 윤이를 때렸는데도, 둘은 아무 일 없는 듯이 보물찾기를 하며 놀았대요. 얘기를 들은 선이는 어이없어하며 말합니다.

"너 바보야? 그러고 같이 놀면 어떡해. 걔가 다시 때렸다며. 또 때렸어야지." 저를 부끄럽게 했던 그 대사는 바로 뒤에 윤이의 입에서 나옵니다. 윤이는 천연덕스럽게 되물어요. "그럼 언제 놀아? 연호가 때리고 나도 때리고, 또 연호가 때리고. 그러면 언제 놀아? 나 그냥 놀고 싶은데." 지아와 다시 때리고 또 때리는 싸움을 하던 선이도 뭔가 깨달았다는 표정을 짓습니다. 얼마 후 학교에서 열린 피구 시합. 과거 선이가 그랬듯, 지아도 자신을 받아 주는 팀이 없어 시무룩해집니다. 시합 도중 억울하게 퇴장당할 처지에도 놓이고요.

그때 선이가 나서서 지아의 편을 들어요. 지아를 몰아붙이는 아이들에게 지아는 규칙을 어기지 않았다고 말합니다. 저는 선이의 두 가지 면에 놀랐어요. 첫 번째는 다수에 맞서 자기 생각을 얘기한 용기예요. 단체 생활을 해 본 분이라면 아실 거예요. 주류 의견에 반대하는 게 얼마나 어려운지. 나는 그저 내 생각을 말했을 뿐인데도, 내가 뭔가를 잘못한 것 같은 기분이 들고 다른 사람들과 멀어질 것 같은 불안함도 커지잖아요. 게다가 선이는 따돌림의 괴로움을 경험해 봤는데도 용기를 냈어요. 두 번째로는 선이의 너그러움에 놀랐어요. 한때 선이가 연호에게 그랬듯, 저도 선이를 보며 '걔가 너 따돌렸다며. 너도 갚아 줬어야지.'라고 말하고 싶었거든 요. 선이는 그러지 않았어요. 자신이 지아를 모른 척할 수밖 에 없는 이유를 대며 따돌림을 합리화하기보다는, 서툴게나 마 지아에게 화해의 손길을 내밀었어요. 어쩌면 선이는 지 아의 심정을 헤아려 봤을지도 몰라요. 자신의 아픔과 억울 함에 사로잡히지 않고, 상대가 느꼈을 감정도 생각해 봤겠 죠. 어색하게 서서 옆을 흘긋대던 선이와 지아가 마침내 서 로를 마주 보면서 영화는 막을 내립니다.

이 세상 모든 이야기를 사이다 서사와 고구마 서사로 나 눈다면, 〈우리들〉은 고구마 서사에 가까운 이야기일 거예 요. 반에서 실세 노릇을 하며, 선이와 지아를 차례로 고립 시킨 보라가 어떤 처벌도 받지 않았으니까요. 선이도 '사이 다 인물'과는 거리가 멀어요. 자신을 배신한 지아나 따돌림 을 주동한 보라에게 앙갚음하기를 원치 않잖아요. 누군가는 〈우리들〉을 보며 답답하다고 느낄 수도 있어요. 그런데 세 상은 넓고 인간은 복잡해서, 누군가를 선이나 악으로 분류 하기가 매우 어렵습니다. 선이와 지아를 보세요. 휴대폰이

빨리 놀려면
그만 싸워야지.

없는 선이는 지아의 휴대폰을 자주 빌려 게임을 합니다. 어떤 사람은 이런 선이를 '민폐캐'로 볼 수도 있겠죠. 하지만 그 말만으로 선이를 설명할 수 있을까요? 부모님이 이혼해 할머니와 사는 지아는 선이네 가족을 보며 질투심을 느껴요. 누군가는 '열폭'이라고 손가락질할 수도 있겠지만, 정말 그게 이해받지 못할 만한 감정일까요? 우리는 자로 잰 듯 완벽한 존재가 아니라서, 의도치 않게 다른 사람에게 상처를 주기도 하고 별것 아닌 일에 상처를 받기도 해요. 동시에 모르는 사람에게 호의를 베풀고, 타인의 사소한 말 한마디에 위로를 받기도 하죠. 다시 말해 우리는 선과 악 사이 어딘가에 있는 사람들일 겁니다. 누가 선이고 누가 악인지, 악하다면 얼마나 악하고 어느 정도 처벌이 적당한지를 홀로 판단하는 것은 위험할 수 있어요. 남에게 맞은 자리는 당연히 아프고 억울해요. 하지만 내가 맞은 만큼 남을 때린다고 해서 내가 아프지 않게 되는 것은 아닙니다.

우리는 또한 연약한 존재이기도 합니다. 아무리 심지가 단단한 사람이라도 힘이 들 때는 나쁜 쪽으로 마음이 기울게 돼요. 지아가 처음부터 못된 아이라 따돌림에 동조했을까요? 아닐 거예요. 지아는 보라가 두려웠을 겁니다. 보라의 심기를 거슬렀다가 자신도 따돌림을 당할까 걱정했을 거예요. 선이의 비밀을 까발리고 거짓말까지 한 지아의 행동은 분명 잘못됐어요. 다만 잘못을 지적하고 타이르는 것만큼이나, 같은 잘못이 되풀이되지 않도록 사회를 정비하는 일도 중요합니다. 힘든 상황에 놓인 사람이 나쁜 선택을 저지르지 않도록 최소한의 장치를 마련해야 해요. 만약 지아가 선이를 괴롭혔다고 해서 지아를 나쁜 아이로 낙인찍고 다른 아이들과 어울리지 못하게 한다면 어떨까요? 잠깐은 사이다를 마신 기분이 들진 몰라도, 반 아이들을 향한 지아의 미움이 커지기만 할 거예요. 사회(학급)를 향한 개인(지아)의 분노가 커지면 호미로 막을 수 있었던 일을 가래로도 막지 못하게 될지도 모릅니다.

부당한 일을 참아 넘기라는 의미가 아니에요. 다만 무엇이든 당한 만큼 복수하려는 태도는, 올바른 문제 해결 방법이 아니라고 말하고 싶어요. 물론 말처럼 쉬운 일은 아니에요. 저도 한번은 친구에게 서운한 일이 있어서, 사과받으려고 모진 말을 마구 퍼부은 적이 있어요. 사과를 받아야 제가 이기는 거라고 생각했죠. 그러다 친구와 절교할 상황이 되자, 제게 중요한 게 무엇인지를 깨달았어요. 그 친구와 함께하는 시간이었어요. 지금도 누군가와 갈등이 생기면 내가 받은 상처나 내가 겪은 불편함만큼 상대방의 기분을 망치고 싶은 마음이 들곤 해요. 그럴 때면 내가 원하는 것은 무엇인지 스스로에게 묻습니다. 놀랍게도 그것만으로도 기분이 차분해져요. 이런 제가 '고구마 인간'처럼 보여도 걸핏하면 화를 내던 '사이다 인간'으로 돌아가고 싶지는 않아요.

고구마 같은 해결책을 찾아서

사람들은 왜 사이다 서사에 열광할까요? 드라마 제작사 직원과 평론가들에게 그 이유를 물어보니, 대부분 비슷한 대답을 들려줬습니다. 현실 세계에서 권선징악이 실현되지 않아 답답해하던 사람들이 사이다 서사를 보며 대리 만족한다는 것이지요. 얼마 전, 10대 여성을 성추행한 남성이 집행 유예로 구속되지 않았다거나 유명 기업가가 "법을 지키는 것보다 벌금 내는 게 싸게 먹힌다."라고 발언했다는 기사를 봤습니다. 도심에서 강력 범죄가 잇달아 벌어져 시민들이 공포에 떠는 와중에, 재미로 살해 예고 글을 올린 이들은 또 얼마나 많았는지요. 나쁜 짓을 저지른 사람이 제대로 벌받지 않는다고 느낄 때, 우리는 누군가 범죄자를 대신 처단해주길 원합니다. 학부모 민원을 상대하던 교사들이, 스스로 목숨을 끊는 사건이 연이어졌을 때도 마찬가지였어요. 사람들은 일명 '진상 학부모'로 지목된 이들의 사업장이나 직장을 찾아가 공격을 퍼부었죠. 한순간도 속이 시원하지 않았다면 거짓말일 겁니다. 하지만 통쾌함은 잠깐일 뿐, 실은 어떤 문제도 해결하지 못했다는 찝찝함이 뒤늦게 찾아오곤 했어요. 탄산음료를 마셔도 청량감은 잠깐일 뿐, 갈증이 완전히 해소되지 않는 것처럼요.

연예인과 운동선수 등 유명인의 학교 폭력 논란이 빈번했던 2021년, 국회의원 몇 명과 일명 '학폭 논란'을 두고 토론할 기회가 있었어요. 어느 국회의원이 묻더군요. 과거와 비교해 학교 폭력 가해자들에게 가하는 처벌 수위가 높아졌는데도, 왜 사람들은 처벌이 충분치 않다고 느끼느냐고요. 마침 관련 기사를 쓰기 위해 학교 폭력 예방 단체 관계자들과 만났었던 저는 자신 있게 말했습니다. "드러나지 않은 학교 폭력이 더 많기 때문 아닐까요? 학교 폭력 피해 학생들이 학교나 어른을 신뢰하지 못해, 피해 사실을 알리지 않거나 자신이 겪은 일을 피해로 인지조차 못 하는 경우가 많다고 합니다." 그런데 토론이 끝난 후 생각해 보니 제 답변이 충분치 않았다는 생각이 들었어요. 우리는 흔히 가해자를 엄벌하는 것만이 학교 폭력 문제를 해결할 유일한 방법이라고 생각합니다. 정말 그럴까요? 피해 학생이 일상으로 돌아오도록 지원하는 일이, 대다수 학생이 학교 폭력을 방관할 수밖에 없는 상황을 바꾸는 일이 가해자를 엄벌하는 것만큼 중요하지 않을까요? 물론 이 과정은 길고 복잡해 흡사 고구마를 먹은 듯한 기분이 들지도 몰라요. 하지만 소를 잃은 후에라도 외양간을 고쳐야만 합니다. 외양간을 손보지도 않고 소를 놓친 목동만 탓한다면, 언제 다시 소를 잃어도 이상하지 않을 거예요.

우리가 사는 세상은 선과 악으로 완벽하게 나뉘지 않습니다. 악당을 응징하는 사이다 서사는 그래서 어쩌면 환상에 가까운 이야기일지도 몰라요. 지금 우리에겐 사이다의 짜릿함이 아니라 고구마의 끈기가 필요하다고 감히 말해 봅니다. 무엇이 우리를 괴롭히는지, 우리는 왜 억울한지, 이 문

제를 어떻게 해결할 수 있을지. 답답하더라도 현실을 끈질기게 탐구하고, 참을성 있게 해결책을 실행해야겠지요. 만약 선이와 지아가 서로 때리고, 다시 때리고, 또 때리는 싸움을 끊어 내지 못했다면 어땠을까요? 상대에게 한 방을 날리는 찰나엔 통쾌했을지 몰라도, 결국엔 상처만 남았을 거예요. 아프고 억울한 마음을, 똑같이 되갚아 주고 싶은 순간에 우리의 주인공 선이를 떠올리려고 합니다. 괴로움이라는 수렁으로부터 고개를 들어 타인의 외로움을 헤아릴 줄 알았던, 싸움의 고리를 끊어 내고 다시 친구의 얼굴로 돌아올 줄 알았던 선이를 말이에요. 목구멍을 톡 쏘는 탄산음료의 맛은 여전히 중독적입니다. 하지만 오늘은 탄산음료 대신 든든하고 고소한 보리차를 마셔야겠어요. 실타래가 엉킨 곳을 찾아 하나하나 풀어 가려면 긴 시간 지치지 않는 힘이 필요할 테니까요.

내 이야기의 주인공은 나야
크리스틴 맥퍼슨, 〈레이디 버드〉 & 은희, 〈벌새〉

언제부터였는지도 모르겠습니다. 기억나지 않는 어린 시절부터, 저는 습관처럼 망상을 해 왔습니다. 유치원 다닐 때는 반 인기투표에서 다른 여자아이들을 제치고, 1등 하는 상상을 했습니다. 학창 시절에는 글짓기 대회나 그림 대회, 운동회 등 모든 대회에서 1등 하는 상상을 했고요. 대학을 다닐 때는 수업에 밥 먹듯 결석하고도, 시험만 봤다 하면 A학점을 놓치지 않아 과의 전설로 불리는 상상을 했어요. 기자가 된 후에는 유명 연예인에게 날카롭고 독창적인 질문을 던져, 상대를 깜짝 놀라게 하는 상상을 자주 했지요. 망상에 가까운 상상 속에서 전 언제나 '결정적인 순간에 나조차 모르던 나의 잠재력을 폭발시키는 존재'였습니다. 상상은 바람이나 목표와는 조금 달라요. 제 의지가 반영된 일이 아니거든요. 아마 MBTI 두 번째 알파벳이 'N'인 분들이라면 공감할 거예요. 매일 밤 전등을 끄고 베개에 얼굴을 파묻는 순간 머릿속에서는 끝없는 공상의 세계가 펼쳐지곤 한다는 걸. '이 글은 망했다.'고 자조하는 지금 이 순간에도, 머릿속 한 구석에서는 이 책의 글이 명문으로 입소문을 타 예능 프로그램 〈유 퀴즈 온 더 블럭〉에 섭외되는 상상이 뭉게뭉게 피어오르고 있습니다.

제게 어른이 된다는 건, 결코 상상 속의 내가 될 수 없음을 깨닫는 과정이기도 했습니다. 저는 유치원에서 툭하면 남자아이들과 싸우는 '여자 깡패'였고, 초등학생 때는 반 대표로 동화 구연 대회에 나가기로 했다가 대회 일정을 새까맣게 잊어 버려 참가상조차 타지 못한 경력이 있습니다. 대학에 다닐 때는 밥 먹듯 결석하다가 처참한 성적을 받았습니다. 다른 의미로 전설을 쓴 셈이죠. 무엇을 더 숨기겠습니까. 대중문화 기자로 10년 가까이 경력을 쌓았는데도, 제가 인터뷰 때 했던 엉터리 질문이 떠올라 '이불 킥'을 하곤 해

요. 그런 날에는 너무 당연해서 평소에 잘 떠올리지도 않는 생각이 머릿속을 선명하게 채웁니다. 나는 특별하지 않다고, 영화 속 단역 같은 존재라고요.

내가 나인 게 싫은 날

영화 〈레이디 버드〉의 주인공 크리스틴은 특별한 존재가 되고 싶은 고등학생입니다. 미국 샌프란시스코주 새크라멘토에 사는 그에게 삶은 불만스러운 것투성이에요. "철로 주변 구린 쪽."에 있는 낡고 초라한 집이 불만스럽고, 돈이 없어 이사 가지 못하는 부모님이 불만스러워요. 착하지만 평범한 친구 줄리도, 임신 중단을 범죄 취급하는 엄숙한 학교 수업도, 모든 학생을 참여시키려고 없는 배역을 만드는 연극부 활동도 불만스러웠고요. 무엇보다 크리스틴은 자신이 사는 새크라멘토를 싫어했어요. 머나먼 동부의 도시, 그중에서도 뉴욕을 동경했죠. 크리스틴은 시궁창처럼 느껴지는 현실에서 끊임없이 발버둥을 칩니다. 어른들 세계에 먼저 발 들인 제나와 친해지고, 또래보다 성숙해 보이는 카일로와 데이트를 해요. 낡고 좁은 집 대신 넓고 근사한 저택을 자기 집이라 속이기도 했고요. 가장 중요한, 고향 탈출도 차근히 준비합니다. 집 근처 대학에 가라는 엄마의 눈을 속여, 뉴욕에 있는 예술 대학 몇 곳에 원서를 넣어요. 하지만 삶은 원하는 대로 흘러가지 않습니다. 새로 사귄 제나와는 취향이 영 맞지 않고, 카일로는 크리스틴보다 자기 자신을 더 사랑하는 듯해요. 넓은 저택에 산다는 거짓말도 금방 들통나고요. 가장 끔찍한 건 대학 문제였어요. 뉴욕에 있는 어느 학교에도 합격하지 못했거든요. 딱 한 곳의 입학 대기 명단에 올랐을 뿐이었죠. 그나마도 이 사실을 뒤늦게 알게 된 엄마와 살벌하게 싸우고요.

영화를 보는 내내, 지구 반대편에 사는 크리스틴이 꼭 어린 날의 저를 보는 듯해 신기했어요. 저도 크리스틴처럼 제가 살던 고향을 벗어나야 한다고 생각했어요. 불량스러운 친구를 동경하기도 했고요. 특히 크리스틴이 엄마와 싸우다가 "나 키우는 데 얼마 드는지 말하라고."라는 대사를 뱉었을 때는 피식 웃음이 새어 나왔어요. 저도 그랬거든요. 부모님과 싸운 날에는 베개에 얼굴을 묻고 엉엉 울면서 '어른이 되면 엄마와 아빠가 나를 키우는 데 든 돈을 모조리 갚은 뒤, 다시는 집으로 돌아오지 않을 거야.'라고 다짐하곤 했죠. 그러다 날이 밝으면, 전날 했던 다짐 따윈 까맣게 잊은 채 아침밥을 먹느라 정신이 없기는 했지만요. 그때는 제가 입은 작은 상처가 세상에서 제일 아프게 느껴졌어요. 친구들과 늦게까지 놀지 못하게 하는 엄마가 독재자 같았고, 무뚝뚝한 아빠는 방관자 같았어요. 유행하는 옷을 사지 못할 때나 근사한 패밀리 레스토랑에 가지 못할 때는, 우리 집이 제일 가난한 것처럼 느껴졌어요. 친구들을 따라 교복을 줄여 입으면서도 교칙을 어기는 건 무서웠고, 공부는 싫은데 성적이 떨어지면 불안했죠. 내게는 남들과는 다른 뭔가가 있을 것 같은데 그게 뭔지는 잘 모르겠고, 현실의 저는 이도 저도 아닌 어정쩡한 상태라 스스로가 못마땅했어요. 극 중 크리스틴은 스스로 '레이디 버드'라는 이름을 새로 지었어요. 지금의 자신이 아닌, 다른 존재가 되고 싶은 열망이었겠죠. 어쩌면 저 역시 현실의 제게 만족하지 못해 자꾸만 상상의 세계로 빠졌는지도 모르겠습니다. 잠재된 천재성을 일깨워 모두에게 사랑받는 나를 꿈꾸면서요.

그런데 여러분, 영화를 뜯어보면 뜯어볼수록 크리스틴 주변 사람들에게서도 저의 모습이 보였어요. 성 정체성이 드러날까 전전긍긍하던 크리스틴의 옛 남친 대니에게는 아무도 모를 비밀을 들킬까 초조해하던 제가 겹쳤고, 잡지 모델을 보며 "난 왜 이렇게 생기지 않았을까?"라고 읊조리던 줄리에게선 거울 앞에서 한숨을 쉬던 제가 보였어요. 친구들 무리에서도 책을 손에 놓지 않는 카일로의 허세는 의미 모를 노래 가사를 공책에 받아 적던 저와 닮았고, 딸과 화해하려고 몇 번이나 편지를 썼다 지웠던 크리스틴의 엄마를 보면서는 일기장에 썼던 부모님 험담을 부끄러워하며 지우던 저의 경험이 떠올랐어요. 이렇게 여러 캐릭터에게 공감하며 깨달은 사실이 하나 있습니다. 너무너무 평범해서 때로는 구질구질하게 느껴지더라도, 우리 모두는 각자의 이야기에서 주인공이라는 사실 말이에요. 설령 내게 특별한 재능이 없다고 해도, 가장 주목받거나 사랑받지 못한다고 해도, 내이야기를 계속 이어나갈 수 있는 사람은 나 자신뿐임을 새삼 실감했어요.

그러니 저의 평범함이 지겨운 날이나 저의 현실이 초라하게 느껴지는 날에도, 저 자신을 너무 미워하지는 않으려 해요. 물론 쉽지는 않을 거예요. SNS에선 나를 뺀 모든 사람이 빛나고 행복해 보여요. 특종을 쓴 직장 동료가 여러 사람 앞에서 칭찬받는 모습을 봤을 때는, 축하하는 마음보다 부러운 마음이 먼저 들기도 했지요. 이 세상이 한 편의 영화라면, 작은 방에 틀어박혀 목이 잔뜩 늘어난 티셔츠 차림으로 글을 쓰는 지금 제 모습은 '통편집' 될 게 분명해요. 하지만 여러분. 저는 여기에, 이렇게 생생하게 살아 있어요. 이 글을 읽는 여러분도 각자의 자리에서, 각자의 시간에, 각자의 모습으로 살고 있을 테죠. 그 감각을, 다시 말해 내 이야기의 주인공은 나라는 감각을 잃지 않았으면 해요. 저도 그럴 거예요. 아프고 불안하고 슬퍼서 견딜 수 없을 것 같은 순간

나만 너무 구려.
짜증 나.

하~~

너라도 널 좋아해 주면 좋겠어.

너는 지금 힘들게 네 인생을
살아 내고 있잖아.

들을 잘 겪어 내고, 기쁘고 행복한 순간은 소중하게 기억할 거예요. 일상이 지루하고 지겨운 순간들에도 나는 여전히 나로서 존재하고 있음을 잊지 않을 거예요. 그래야 내일의 이야기를, 10년 후 혹은 50년 후의 이야기를 이어 나갈 힘이 생길 테니까요.

나를 제대로 사랑하는 법

한사코 원래 이름으로 불리길 거부하던 크리스틴은 꿈에 그리던 대학에 진학한 후 자기 이름을 되찾습니다. 자신을 있는 그대로 받아들이게 된 것일 테죠. 요즘은 어딜 가든 "나 자신을 사랑하라."는 얘기를 듣습니다. 말로는 쉬워 보이는데 실천하기는 너무 어려워요. 국내외 여러 영화제 상을 휩쓸어서 '독립 영화계의 〈기생충〉'이라고 불리는 〈벌새〉의 주인공 은희도 그렇습니다. 〈벌새〉는 1994년 서울이 배경인 영화입니다. 은희는 평범한 중학생이에요. 아주 부유하지도 몹시 가난하지도 않은 형편, 가부장적이지만 헌신적인 부모님, 특별히 뛰어나지 않은 학교 성적과 특별히 시끄럽지도 않은 학교생활……. 하지만 자세히 들여다보면 그 세계는 이상한 것투성이에요. 선생님은 학생들에게 "나는 노래방 대신 서울대 간다."라고 외치게 해요. 은희의 오빠는 장차 외국어 고등학교에 진학할 거라며 아빠의 기대를 한 몸에 받지만, 화가 나면 동생에게 손찌검하죠. 길거리엔 재개발을 알리는 현수막이 걸려 있어요. 누군가는 재개발로 집을 잃고, 또 누군가는 재개발로 돈을 벌겠죠. 세상은 은희에게 더 많이 가져야 한다고, 더 높이 올라가야 한다고 윽박지르는 듯합니다. 정작 은희의 내면에선 어떤 소용돌이가 휘몰아치는지 관심을 두지 않으면서 말이에요. 이해할 수 없는 세상 속에서, 무책임하고 무관심한 어른들 앞에서, 은희는 외롭고 불안해요. 그건 '사춘기'란 단어로 일축하거나 '중 2병'이란 멸칭으로 비하할 수 없는, 복잡하고 변덕스러운 감정입니다.

처음 이 영화를 봤을 때 많이 울었던 기억이 나요. 엄청나게 슬픈 장면은 없었는데도요. 그러고 보니 이 영화를 만든 김보라 감독을 인터뷰한 날도 저의 교양 없음에 실망했던 여러 날 중 하루였어요. "아.", "음.", "네, 맞아요."라고 맞장구를 치면서도, 실은 그가 하는 말의 절반도 이해하지 못했었거든요. 하지만 유독 날카롭게 마음에 박힌 대답도 있었습니다. 〈벌새〉는 은희가 다른 사람에게 사랑받기를 갈구하는 데서 벗어나, 자기 자신을 사랑하는 법을 배워 나가는 과정이라는 말이었어요. 돌아보면 사랑받고 싶다는 욕망 때문에 정작 스스로를 사랑하지 못한 순간이 얼마나 많았던가요. 더 멋지고, 더 뛰어나고, 더 빛나는 사람이 돼야 사랑받을 수 있을 것만 같았어요. 그래서 평범한 나를 초라하게 여겼던 날들이 많았고요. 실은 나 자신을 제대로 사랑한다는 게 뭔지, 지금도 잘 모르겠어요. 어느 날엔 내가 나를 너무 사랑해서 있지도 않은 나의 잠재력을 높게 평가하나 싶다가도, 또 어느 날엔 내가 나를 너무 못마땅하게 여겨서 지금과 다른 나를 상상하는 건 아닐까 생각해요.

여러분은 어떤가요? 지금 여러분에게 만족하시나요? 혹시 레이디 버드가 되고 싶었던 크리스틴처럼, 여러분도 다른 모습의 자신이 되고 싶진 않나요? 저는 여전히 헷갈려요. 나를 사랑한다는 것이 나의 못난 면까지 사랑하라는 뜻인지, 아니면 나를 더 가꾸고 보살펴서 더 나은 모습의 내가 되라는 뜻인지 말이에요. 어른이 되면 이런 고민은 하지 않을 줄 알았는데 나이를 먹을수록 질문이 점점 늘어나는 것만 같아요. 그런데요 여러분, 어쩌면 그 질문 속에 힌트가 있을지도 모르겠어요. 가령 이런 질문이요. 내가 되고 싶은 나의 모습은 누가 보여 준 모습일까요? 은희의 오빠는 외국어 고등학교에 가고 싶어 했어요. 그런데 그건 은희의 오빠 스스로가 원한 걸까요, 아니면 명문 학교에 가는 것만이 성공이라고 말하던 어른들이 가르쳐 준 꿈일까요? 내가 뭘 원하는지 알 수 없어 막막할 때면, 내게 소중한 게 무엇인지 질문해 봤으면 해요. 나는 무엇을 슬퍼하는지, 내가 잃고 싶지 않은 나의 좋은 점은 무엇인지, 나는 언제 행복하고, 나는 무엇에 화가 나는지……. 나를 구체적이고 정확하게 아는 것이, 나를 제대로 사랑하는 시작이 될지도 몰라요. 내가 되고 싶은 나의 모습도 더욱 선명하게 떠오를 거고요.

계속 나눠요, 우리의 이야기를

나를 보살필 여력도 없이 외로운 날엔, 나를 사랑하는 사람들에게 기대 보세요. 은희에겐 학원에서 만난 영지 선생님이 있었어요. 은희를 인격체로 존중해 준 첫 어른이죠. 크리스틴에겐 가족과 친구가 있었고요. 그러다 에너지가 채워지는 다른 날엔, 기댈 곳이 필요한 누군가에게 안부를 물어

봅시다. 때론 나의 안부를 궁금해하는 사람이 있다는 사실만으로도 위로가 되니까요. 〈벌새〉에서 영지 선생님은 은희에게 이런 편지를 보냅니다. "나쁜 일들이 닥치면서도 기쁜 일들이 함께한다는 것. 우리는 늘 누군가를 만나 무언가를 나눈다는 것. 세상은 참 신기하고도 아름답다." 저는 불안을 아주 크게 느끼는 성격이에요. 내가 좋은 선택을 내리고 있는 건지, 혹시 가지 말아야 할 길에 발을 내딛지는 않았는지 걱정이 많아요. 하지만 예상 못 한 나쁜 일들이 닥칠지라도 기쁜 일들 역시 함께 벌어진다는 영지 선생님의 말을 믿어요. 그리고 그 과정에서 만난 사람들과 소중한 마음을 나누게 되리라는 희망도 마음 한편에 품고 있습니다. 그중에는 여러분도 있어요. 제가 책을 통해 독자를 만나게 될 줄은 꿈에서도 상상하지 못했지만, 우리는 영화와 글을 통해 우리의 인생에서 중요한 게 무엇인지 생각을 나누고 있잖아요.

결국 처음부터 '좋은 선택'이라고 정해진 길은 없는 것 같아요. 내가 이 길에서 무엇을 발견하고 무엇을 얻는지에 따라 좋은 선택이 될 수도, 나쁜 선택이 될 수도 있겠죠. 여러분 중 누군가는 답이 보이지 않는 고민에 빠져 있을 테고,

또 누군가는 그런 고민조차 하지 않는 스스로가 못 미더울지도 몰라요. 여러분께 어떤 문제라도 해결하는 만능 비법을 전수해 줄 수 있으면 좋으련만, 저 역시 모르겠다는 말을 달고 사는 한 사람일 뿐이라 그럴 수가 없어요. 다만 저는 잊지 않으려고 해요. 지금 내가 하는 고민들이 나를 만든다는 것을, 나는 그렇게 계속 내 이야기를 써 나가리라는 것을. 우리가 이 책에서 나눈 이야기들이 여러분에게 작게나

마 실마리가 되어 줄 수 있었으면 해요. 어떻게든 우리가 다시 만날 때, 각자의 삶에서 조금 더 씩씩한 주인공이 되어 계속 나누어요. 우리의 고민을, 생각을, 이야기를.

미디어 속 다양한 롤 모델 찾기

네 이야기의 주인공은 너야 글 이은호 그림 시미씨

초판 1쇄 발행 2024년 10월 15일
펴낸이 김병오 **편집장** 이향 **편집** 이동익 김유진 **디자인** 정상철 **경영지원** 이선영
펴낸곳 (주)킨더랜드 **등록** 제406-2015-000037호
주소 경기도 파주시 회동길 512 B동 3F **전화** 031-919-2734 **팩스** 031-919-2735
ISBN 979-11-7082-064-2 43000

네 이야기의 주인공은 너야 ⓒ 이은호, 시미씨 2024
• 신저작권법에 의해 한국 내에서 보호를 받는 저작물이므로 무단 전재와 복제를 금합니다.